昭和の翻訳出版事件簿

宮田 昇

創元社

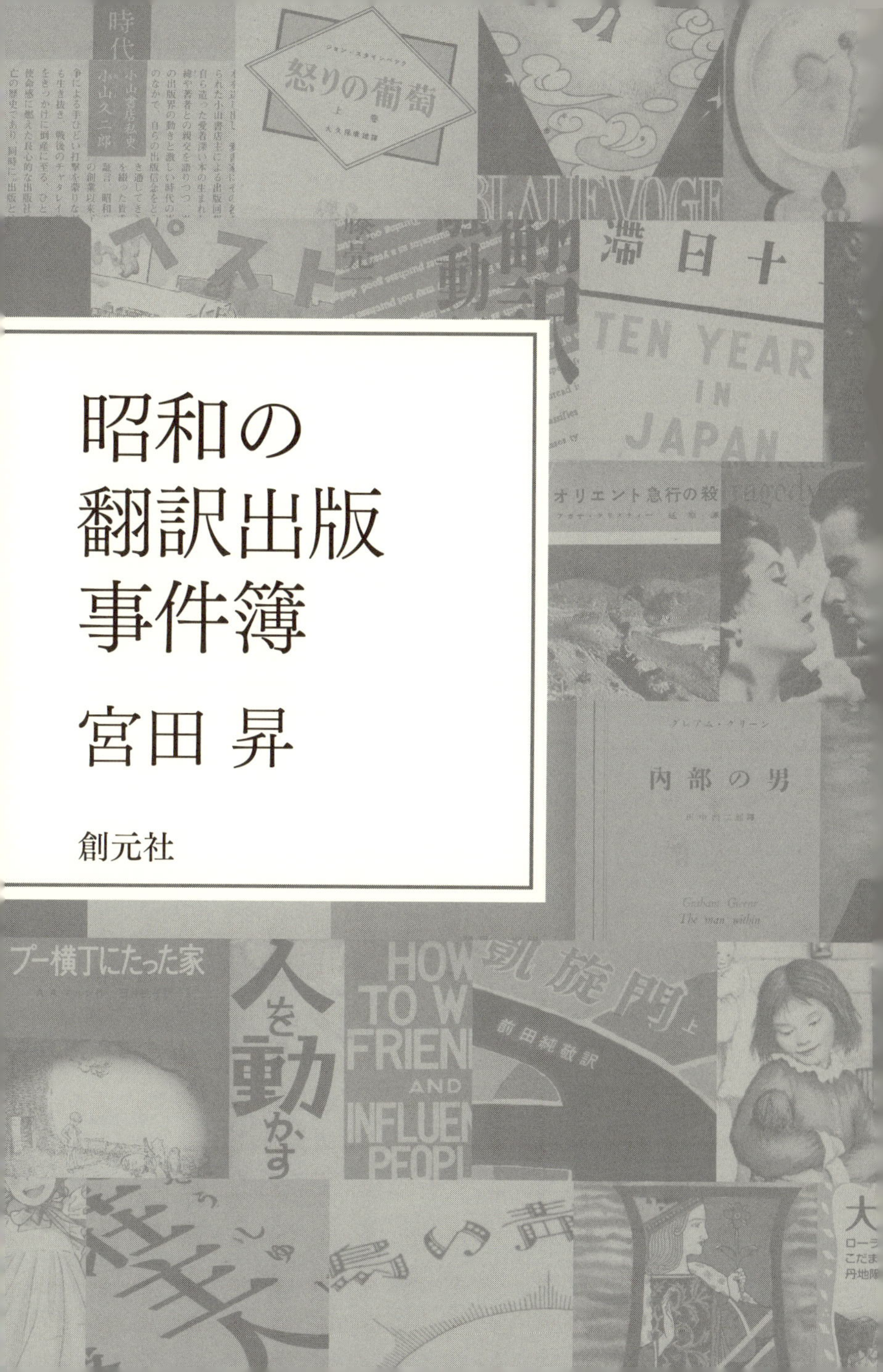

本書を亡き武富義夫に捧げる

もくじ

第四章

十年留保と著作権法改正……175

［凡例］

一、数詞は原則、漢数字とし、元号および年月日は単位記号を用いて表記した。
二、漢字は新字体を用いた。
三、元号と西暦年号とは、原則として、日本の事象の場合は元号を主とし、西欧の事象の場合は西暦を主として用い、必要な箇所には両方を並記した。表記順序は、適宜の判断で入れ替えた。
四、雑誌、書籍、新聞については『　』でくくり、シリーズ名は「　」で示した。
五、固有名詞の表記については、もっとも一般的だと思える表記に揃えたが、書誌データについては、原則、国立国会図書館の書誌データに登録されている表記に揃えた。
六、出版社名に変遷がある場合は、記述している内容の時点での呼称を用いることとした。
七、人名については、巻末の索引の中に可能な範囲で読みを入れた。
八、注は本文中に＊で示し、解説は節末に入れた。

第一章

プラーゲ旋風と小山久二郎の失敗

1 無断翻訳伝説

小山書店社長小山久二郎とは、一度しか会っていない。ある出版社に訪ねていったとき、たまたま出会って紹介された。昭和三十年代なかばであったと記憶している。おそらく小山書店が経営困難に陥って、社名を変えて続けていた一時期か、小山書店新社になっていたか、どちらかのときだったのではないだろうか。

私は、わいせつ文書とされたD・H・ローレンスの『チャタレー夫人の恋人』の裁判闘争を、社運をかけて最高裁まで戦い抜き、そして敗れた出版の大先輩として仰ぎ見たと思う。そのときの印象は、遠い昔のことだが、物静かで、若輩の私にも腰が低かった。

だが長期の裁判闘争ゆえに何度も倒産の憂き目にあったせいか、彼自身もその自伝『ひとつの時代――小山書店私史』に書いているように、波乱に満ちた戦後出版を続けるなかで、多くの出版社が借りざるを得なかった年利三割、四割の高利の借金の返済に追われ続けたためか、かつてはあったはずの精気のようなものは感じられなかった。

私が小山久二郎に会った時点では、アメリカでは『チャタレー夫人の恋人』無削除版の郵送差し止めが覆り、わいせつ文書でないとされる判決を得ていた（一九五九）。またローレンスの本国、イギリスのチャタレー裁判でも、無罪を勝ち取っていた（一九六〇）。

小山の敗訴が確定した最高裁の判決は、昭和三十二年（一九五七）である。それから二、三年のあいだに、『チャタレー夫人の恋人』を代表とする二〇世紀の前衛文学への迫害は、欧米ではなくなっていた。そのわずかの差が小山に不幸をもたらしたかもしれないと考えたのか、同情の念が先に立って、ほとんど話すことができなかった。

小山は、そのとき、昭和二十四年から続いているＢＯＯＫＳの会（岩波書店、講談社、有斐閣、東洋経済新報社、ダイヤモンド社、河出書房、創元社など一二社で創立された）の打ち合わせに来たようすだった。日本を代表する出版社が加わるＢＯＯＫＳの会の会員社であるのに、小山書店については、チャタレー裁判のほかあまり知ることは少なかった。

その小山書店小山久二郎を再度甦らせてくれたのは、私が編集者になってから、耳にタコができるまで言い聞かされた戦前の出版界の「無断翻訳伝説」に疑問を抱いたことから始まる。

戦後間もなく、私たちにインプットされたものに次の文章があった。

我々日本人は外国人と違いどうも〝権利〟というものに対する観念が非常に稀薄であり戦前に於て翻訳書を発行する場合ちゃんと原著作権者から許可を得ていた例がはなはだ少ない状態であります。

………………

これは昭和二十四年の『出版年鑑』に載った日本出版協会（戦前の出版社を統合した日本出版会の後継）海外課の公式見解である。そればかりではない。評論家木村毅はその著書『まわり灯籠』（昭和三十六年、井上書房）で戦前の翻訳状況を次のように述べていた。

この法律（筆者注：著作権法）を遵奉して、翻訳のため、一々外国の原著者に許諾を求め、その版権料を交渉するような几帳面な著作者は、日本にほとんどいなかったのだ。又欧米の著作家も出版社も、日本で翻訳が刊行されることなんか問題にしなかったし、第一、極東僻遠の地でなされるので、無断翻訳しても、ほとんど先方にはわからなかった。

………………

また遡ってその無断翻訳が横行した時代の昭和九年二月三日の朝日新聞は、次のように報じていた。

……………

わが国において翻訳は九九％までが条約を無視して原作者に無断で翻訳がなされている。

（傍点筆者）

私が初めてそれらに疑問をもったのは、翻訳権エージェントになってまもなくの頃、イギリスから翻訳権存続を証明する古い契約書のコピーが送られてきたときであった。それは昭和三年（一九二八）、改造社とコナン・ドイルとの間で結ばれた『シャーロック・ホームズの事件簿』の翻訳出版許諾契約書であった。

調べてみると、このホームズものの最終作『事件簿』は、改造社が日本で翻訳出版する一年前の一九二七年にイギリスで発行されたものだが、それ以前のホームズものはすべて、一九一七年より前に発行されていた。

当時の著作権法（旧著作権法〔一八九九〜一九七〇〕）には、次のように定められていた。

……………

第七条〔**保護期間——翻訳権**〕著作権者原著作物発行ノトキヨリ十年内ニ其ノ翻訳物ヲ発行セサルトキハ其ノ翻訳権ハ消滅ス

②前項ノ期間内ニ著作権者其ノ保護ヲ受ケントスル国語ノ翻訳物ヲ発行シタルトキハ其ノ国語ノ翻訳権ハ消滅セス

簡単にいえば、原書が発行されてから一〇年以内に翻訳出版されなければ、翻訳権は消滅して自由に出せる。しかし、著作者の許可を得て一〇年以内に翻訳出版をすれば、翻訳権は消滅しない。当時の著作権の保護期間は著者の死後三〇年間だから、その間は著作者の許可を得なければ翻訳出版できないと定めている。

一般に「翻訳権十年留保」と呼ばれているのものだが、一九二八年以前はベルヌ条約パリ追加改正条約（一八九六）、それ以降は同じくベルヌ条約のローマ改正条約（一九二八）で国際的に認められていた留保条項に基づく条文である。もっともヨーロッパでは、ローマ改正のときには十年留保を撤回した国が増え、オランダ、ギリシャ、ユーゴの三カ国のみが引き続き留保宣言をしていた。いずれにしても、日本だけがその特例の恩恵を蒙っていたわけではない。

『事件簿』の場合、改造社は一〇年以内に翻訳出版するので、「極東僻遠の地」からイギリスまで文通して契約した。調べてみると大正の終わりから昭和の初めにかけて各社から翻訳出版されたホームズものは、『事件簿』を除いてすべて、刊行時は原書発行より一〇年を経ていた。翻訳権は消滅していて、断る必要はなかったのである。

目からうろこが落ちたといってよい発見であった。日本の出版社は、翻訳権が消滅したかどうか確かめて出版し、許諾を得るべきものはきちんと契約して出していたのである。それでもその時点では、私はインプットされた「無断翻訳伝説」を信じていた。例外だとさえ思っていた。

だが、それ以降、私は何回となく、戦前の海外著作者の印税受領を知らせてきた手紙、翻訳出版承諾の電報などを見せられた。みな一〇年以内に翻訳出版されたものである。大正時代はいざ知らず、昭和の戦前に限っていえば、日本の出版社は「条約を無視して」「翻訳書を発行する場合ちゃんと原著作権者から許可を得ていた例は少なかった」のではなかったことを次第に確信した。

海外の権利者の許諾を得て翻訳出版されていれば、著作者の死後三〇年まで翻訳権は存続することは条文の通りである。ところが「無断翻訳伝説」のため、戦前、「法律を遵奉し」海外の著作権者の許諾を得て発行後一〇年以内に翻訳出版されたものであっても、その手続きが取られていないと見做された。そのためそれらを翻訳権消滅として、戦後、自由に翻訳出版されていたのである。

今度こそほんとうに無断翻訳したことになるのだが、「極東僻遠の地でなされるので」「先方にはわからなかった」奇妙なことが起きていた。その例は、私が現役中、次から次とあらわれ、なかには権利を取得したところと、消滅したとして翻訳出版したところとのトラブルになるものさえ生じた。

戦後、性の解放とともに啓蒙書として、全訳が各社から競って出されたヴァン・デ・ヴェルデの『完全なる結婚』などその典型である。『完全なる結婚』は、戦前、原書発行（一九二六）後一〇年以内の昭和五年（一九三〇）、平野書房が権利者と契約を交わして翻訳出版していた。その事実を知った河出書房新社が、改めて許諾を得て再出版する（一九六三）まで、長らく翻訳権消滅と考えられていたのである。『シャーロック・ホームズの事件簿』もその例のひとつといえよう。

あえて「伝説」と言うのは、私は実務でそうでないことを知ったからである。

2　ドイツ語教師プラーゲと『ひとつの時代』

私には、その「無断翻訳伝説」ができたのは、昭和の初め、「プラーゲ旋風」と言われ、新聞の社会面をにぎわせた著作権に関わるさまざまな事件が、その原因だと思われてならない。その「プラーゲ旋風」を鎮めるために戦前、制定された著作権仲介業務法（著作権ニ関スル仲介業務ニ関スル法律）も、平成十三年に廃止され、著作権等管理事業法に代わった。すでに「プラーゲ旋風」は遠い過去のこととなって、知る人も少なくなっているだろう。

その著作権仲介業務法の制定に当時携わった内務省警保局図書課（戦後、著作権は文部省に移管される）の伊藤信男は、戦後次のように言っている。

…………

プラーゲ旋風というのは、ドイツ人のプラーゲという人物が、わが国において、外国著作物の無断翻訳や無断発行が横行しているのに目を付け、これをしきりと摘発して高額な使用料を要求し、その要求が容れられないときは、民事上および刑事上の手段に訴えて争ったことに対し、ジャーナリズムが命名したものである。

…………

この文中の「無断翻訳」「無断発行」を「無断演奏」「無断放送」に置き換えたり、「目を付け」などプラーゲを悪人扱いしている表現を除けば、「プラーゲ旋風」を短くまとめたものといえよう。

事実、プラーゲ旋風による民事事件は五件、刑事事件は四九件あるが、そのなかには無断翻訳事件はない。唯一、ドイツのベストセラー、エミール・ルードウィッヒ著、早坂二郎訳『一九一四年七月』（昭和五年、先進社）の無断翻訳事件の裁判にプラーゲが関与したとされているが、告訴人でないから彼の名前は出ていない。

すべてこれらの裁判は、音楽の著作権に関するものばかりであった。それは「プラーゲ旋風」を惹き起こしたドイツ人、ハインリッヒ・マックス・ウィルヘルム・プラーゲ博士が、国際的レコード録音権団体ビーム、ヨーロッパ音楽著作権管理団体カルテルの代理人として、それらの音楽著作権料の徴収活動をしたからである。

もともとは、音楽は楽譜に「禁無断演奏」と明示していない限り、自由に演奏できた。かつては作詞家や作曲家の収入は、楽譜による印税であったのである。国際著作権条約であるベルヌ条約でもそう定められていた。

その音楽著作権の扱いも、「蓄音機」が発明されたりして利用が格段と進むと、違ったものになってくる。日本も大正九年の著作権法改正で、著作権に「演奏歌唱」と録音して複製する権利を加えたが、海外の著作物には翻訳権と同様に、ベルヌ条約で認められた留保の宣言をして、従前どおり楽譜に禁無断演奏と明示しない限り、音楽を自由に演奏できるとした。

だが、日本も出席し調印したベルヌ条約ローマ改正条約（一九二八）では、その演奏についての留保が認められなくなり、海外の音楽著作物の演奏権を保護しなければならなくなった。しかもその改正条約で、新たに無線放送権、著作者人格権、映画に関する条項などが加えられた。

ＮＨＫが放送を始めたのは、大正十四年三月である。また、無声映画からトーキーに実用化（昭和二年）が進んだりもして、著作権の保護をそれらに対応せざるを得なくなっていた。そこで昭和六年（一九三一）、著作権法を改正してローマ改正条約に加盟した。

ちなみに改正条約を批准したのは昭和六年七月十五日、効力が生じたのは翌月の八月一日であった。もちろん、加盟時点に「自由に演奏できる」留保を放棄している。

プラーゲ博士がヨーロッパ音楽著作権管理団体カルテルと契約を結んだのは、その昭和六年八月である。それを境にしてプラーゲ博士から、新聞で知った演奏会に楽曲使用料を支払うよう内容証明や速達が届くようになって、日本の音楽界を震撼させ始めるのである。

それは宝塚少女歌劇（『モン・パリ』の中のフランス歌曲）、松竹少女歌劇（プッチーニ作詞作曲『お蝶夫人の幻想』）から舞踊家の新作公演、東京音楽学校（東京藝術大学音楽部）の卒業公演にまで及んだという。軍楽隊の海外楽曲の演奏についての摘発には、時の軍部が天皇の統帥権の侵害だと怒ったというウソか本当かわからない話まで伝わってきている。

しかし、これをもって日本人が著作権知識に欠けていたと見るのはどんなものだろうか。ローマ改正条約調印から批准まで、約三年の猶予期間がある。著作権法を改正して批准すれば、当然のこと、ヨーロッパから音楽の演奏権の使用料の請求があると考えるのはふつうである。

事実、プラーゲの活動の起点から見て、それは十分考えられることであった。外務省や当時著作権を管轄していた内務省は、それが起こることを利用者に周知徹底させたのだろうか。またヨーロッパでの演奏料徴収のシステムを調査したのだろうか。私には、プラーゲ博士の活動を「旋風」にしたのは、当時の日本人の著作権知識の欠如よりも、国の責任であるように思えてならない。

とつぜん、支払いを要求された民間の当惑はさておいて、NHKが一年間海外楽曲の放送を中止せざるを得なかったのは、プラーゲ博士に放送料を支払うことへの抵抗ではなく、その額が適当かどうかであった。多額の使用料を支払わなければならなくなったレコード会社も同じであり、民間でも結局は、使用料への抵抗であった。

それが最終的には、プラーゲの活動を中止させる昭和十四年の著作権仲介業務法になり、内務省の許可を得た団体、音楽では大日本音楽著作権協会の発足となるわけである。プラーゲはそのために仲介業務ができなくなり追放されたも同然になるのだが、日本に音楽著作権使用料の徴収方法を教えた教師といえないことはない。

事実、プラーゲ博士は教師であった。日本の民法の研究者でもあった彼は、大正十一年から十四年まで旧制松江高校（現・島根大学）で教師を務めた。

昭和三年には三度目の渡日を果たし、旧制松山高校（現・愛媛大学）、一年後は旧制一高（現・東京大学教養学部）に移り、カルテル、ビームの代理人になるまでは、旧制府立高校（現・首都大学東京）で、ドイツ語を教えていた。その経歴からわかるように、日本語に堪能であった。

その彼が教職を投げ捨ててまでヨーロッパの音楽著作権の代理人になったのは、正義感が強く、自身が言うように「プラーゲ旋風と厭はれながらも、兎も角も著作権法の生ずる正当な権利と義務を主張し、擁護するために九カ年の間戦った」（『音楽の世界』昭和十五年四月号）ことは事実であろう。プラーゲ博士の府立高校の給料は二〇〇円であったという。当時のサラリーマンの給料と比較して、決して安い額ではない。職を辞めて著作権仲介業者になる決心は、ただものではなかったはずである。

だが昭和十三年、レコード会社がプラーゲ博士に支払ったビーム楽曲使用料の総計は、一〇万八一一一円であった。そのうちの九%が博士の収入であった。その他にNHKの月額一〇〇〇円の放送料に演奏料の徴収をプラスした合計の五〇%が加わる。事務所費や人件費を考えても、大きな金額である。

新しいメディアの誕生発達は、国際著作権条約を改正させたり、生みだしたり、著作権法を改正させる。プラーゲ博士が海外の権利団体に頼まれたのか、あるいは働きかけたのかは別として、彼はその流れの中でベンチャー・ビジネスを始めたのであって、正義ひと筋の人でも迷惑をかけた悪人でもない。

私にとって不可解なのは、プラーゲ旋風が、外国著作物の無断翻訳や無断発行が横行しているのに目を付けられたことから始まったと、長年、その伝説が真実のように思い込まされていたことである。プラーゲは、ヨーロッパの音楽著作権の管理団体の代理人であった。

その頃、ヨーロッパにはビームやカルテルのような著作権を管理する団体は、文芸ではオランダを除いて存在しなかった。ヨーロッパの著作者の多くは個別に、過去も現在も、出版社かエージェントに著作権の管理を委託するか譲渡していた。

プラーゲ博士は、そのだれの委任を受けていたのだろうか。出版で唯一裁判になった『一九一四年七月』でも、彼の名前が出てこない。無断で翻訳出版されたものを摘発した事実は間違いないとしても、あらかじめ著作権者の正式な委任を受けていたものではないと考えたほうがよいのではないか。

『一九一四年七月』の著者エミール・ルードウィッヒはポーランド生まれのスイス人だが、一九二九年、ドイツで出版されてベストセラーになった。日本では昭和五年（一九三〇）、早坂二郎が翻訳して先進社から出版された。昭和八年、翻訳権侵害と『誰が世界大戦を製造したか』というタイトルに無断で変えたことで訴えられたのだが、日本側の反論は、アメリカで発行された英文版から翻訳したから、無許諾でよいというものであった。

戦前日米間は、日米著作権条約で、翻訳は相互自由であった。だが著作者がスイス人、発行がドイツの著作物に及ぶはずはない。噴飯もののような主張だが、もしかして案外、原書がドイツで出版されていたことを知らなかったか、あるいはアメリカで出版されたものはすべて翻訳自由だと考えていた可能性がある。だから裁判にまで至ったのではないだろうか。

音楽の場合、刑事・民事になった五十余の裁判のほか、プラーゲ博士に頭を下げて使用料を払い、示談同様の結果になったケースが数限りなくあったと言われている。出版についても、同じであったのではないかという疑問もあろう。

だが、私が調べた限り、プラーゲが摘発し、話し合いで解決したものは、二件あるのみである。一件は、春秋社発行の『世界音楽全集』であった。そしてもうひとつが、小山久二郎の名

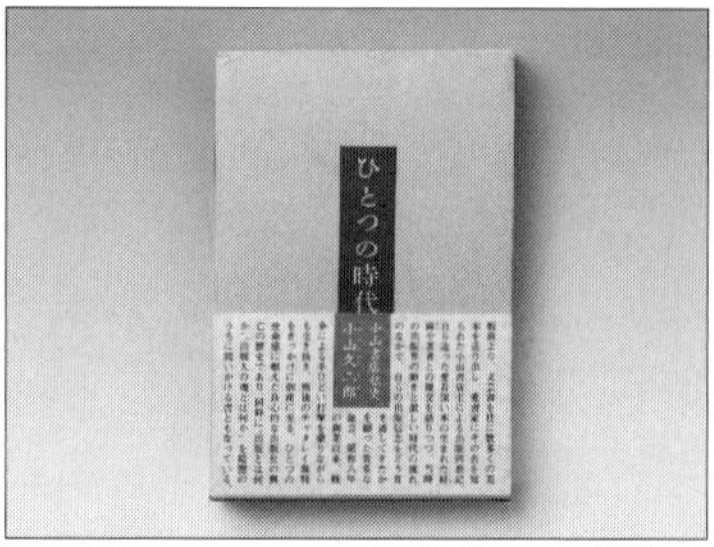
ひとつの時代（六興出版）

を甦らせてくれた、バンジャマン・クレミウ著　増田篤雄訳『不安と再建――新らしい文学概論』であった。

　この翻訳の経緯、プラーゲの介入については、小山の自伝『ひとつの時代』に詳しく述べられている。

　それによると、この本の翻訳を持ち込んだのは、フランス文学者山内義雄（一八九四〜一九七三）である。山内は、アンドレ・ジッド『狭き門』の完訳やロジェ・マルタン・デュ・ガールの『チボー家の人々』の紹介で知られている。昭和九年の初めだったという。

　山内は、喉頭結核で死の床にある畏友、増田篤雄の生きていたあかしにするために、彼にバンジャマン・クレミウの本を翻訳させたいと小山を説得した。小山も賛同し、二人は神戸にいる増田にあわただしく翻訳の依頼をして急がせた。そして翌年の昭和十年一月に発行された。

　プラーゲ博士が突然電話をしてきたのは、昭和十年の初夏で、「クレミウの『不安と再建』は調べてみると翻訳権を取っていないが、これはベルヌ条約違反である」と言い、即刻、在庫の本を全部と印刷した部数の定価の二割の印税を持ってくるように言われたという。

　その時点、小山の手元に原書はなく、山内義雄に調べを依頼した。すると、早稲田大学図書館に原書があり、調べるとたしかに「原書発行後、訳書を出したのは丁度九年目であった」。小山は、のちにこう悔やんでいる。

私は、岩波書店にいた頃から、翻訳権の問題は十分注意して仕事をしてきたつもりであったが、この本はもう古典に属する書物のような気がしていたし、訳者は寝たきりで神戸に在住するという状態でもあったので、原書の発行年月日を調べることをついうっかりしていた。

……………………

この述懐がその通りであったことは、あとで裏付けるが、小山はすぐ、単身プラーゲの家に赴いた。当時プラーゲは、東京府荏原郡大井町鹿島谷三一四〇番地（現・東京都品川区大井六丁目）に住んでいたという。粗末な木造の洋館ふうの家であったと書かれている。

小山は、ドイツ語でまくしたてられると覚悟していたにもかかわらず、「日本語がペラペラで」あったと驚いている。まず翻訳権を侵害した謝罪をするとともに、日本の翻訳が西欧間のと違う困難さがあることを話し、印税を一割にしてほしいと願った。

小山の表現によるとプラーゲ博士は、「ドイツ人らしい、脂ぎった丸々とした男だった。意志の強そうな男」だったが、彼の事情を理解してくれ、その条件をのんでくれたというのである。

著作権侵害したものに一〇%の印税で承知したプラーゲから、私は〝蛇蝎《だかつ》のように嫌われた〟という彼のほんとうの姿を見た気がした。西欧語からの翻訳の特殊性も、彼自身が日本語に堪能だけによく知っており、小山の話に耳を傾け、この翻訳にいたる出版事情も理解しようとしたことである。著作権侵害したものに一〇%は、決して高い条件ではない。

にもかかわらず、翌年の昭和十一年二月に増田篤雄が死んだこともあり、その彼が生きていたあかしとした翻訳に、評判が悪いプラーゲというドイツ人が、いちゃもんをつけたという同情やら悲憤が巻き起こった。小山もまた、この経緯を出版社や翻訳者に報告し、今後起こりうる問題として提起した。

それを契機に増田と親しかった山内義雄や後輩の中島健蔵は、白水社や創元社などの出版社や、翻訳者に呼び掛けて、国際著作権問題協議会を作り、プラーゲ対策を論じた。それが、のちの日本翻訳家協会の母体になったという。

3 岩波茂雄と『ユリシーズ』翻訳合戦

「無断翻訳」が定説化したのにはいろいろ理由を挙げることができるが、プラーゲに絡まることの小山久二郎の失敗も、「無断翻訳」の伝説を形作る一因になったといえないことはない。あまりにもプラーゲが無断翻訳を取り締まったと喧伝されたからである。

小山久二郎は、先の後悔の述懐にあるように、岩波書店の社員（店員）であった。大正八年、一四歳のとき入店している。同時に入った店員には、創立者岩波茂雄が亡くなったのち、岩波書店を小林勇とともに支えた長田幹雄がいる。小山と長田は、同年でもある。長田幹雄は、小林勇のあと岩波書店の支配人になっている。

当時の出版社の多くは、尋常高等小学校を卒業し、上級学校へ経済上進めないが、学業は優秀で、身体も丈夫な少年を入れて住み込ませて使った。夜間旧制中等学校に通わせ、ときにはさらに上の学校へ進ませた。それらのなかには、のちに出版社の社長になった人も少なくない。

惜櫟荘主人（岩波書店）

小山、長田も、岩波書店の少年社員であった。『有斐閣百年史』を書いた出版評論家矢作勝美は、戦前、それら少年社員が造った本は校正のミスもなく造本もよくでき、それにくらべると戦後の大学出の造った本は校正ミスが多く、見劣りすると言っていた。当時の少年社員出身者の優秀さを物語る逸話である。

その少年社員は、だいたい郷里からの推薦があって採用していた。長田も小林勇も、岩波茂雄と同じく、信州出身である。小山がちょっと違うのは、彼が安倍能成*注の甥という筋で岩波書店に入社したことである。小山は、愛媛県出身者であった。

私は、元・岩波書店会長の小林勇の『惜櫟荘主人――一つの岩波茂雄伝』を読んで、彼の若いいっとき（昭和三年から昭和九年の間）、岩波書店を辞めて鉄塔書院という出版社を営むのだが、長田に比べて小山にあまり触れないことに違和感を覚えた。それは、郷土が違うだけではなかったのではないだろうか。

小林勇は、伊那の公民実業学校を出てから家業の農業に従事したこともあって、歳は二つほど上だが小山久二郎より一年遅れて岩波書店の住み込み少年社員になった。いっしょに仕事をした歳月は結構あるし、小林が創刊に関わった岩波文庫の後を継いだのは小山である。岩波書店にとって、それがすべてとは言わないが、岩波茂雄の旧制一高時代から終生の友人であった安倍能成の存在は大きなものがあった。その安倍がいたからこそ、岩波は、夏目漱石の『こころ』の自費出版ができたし、その著作を独占できた。また多くの著作者の信用を得られた。

その安倍の甥で、その筋で入社したことに、小林たちは彼を特別視したのかもしれない。あるいは小山のほうがそれを意識したのか、いずれかはわからないが、それらはだれも触れたくないし、書き残すはずがないだろう。

少なくとも在社中に岩波茂雄の女婿になった小林勇は、小山を問題にしていなかったのかもしれないが、小山のほうは彼に負けまいという考えが、その出自とともにあった気がしてならない。小山が独立したのは、小林が岩波書店を飛び出し、鉄塔書院を創ったことと無関係ではないだろう。岩波茂雄は、「お前もか」と言ったという。

小山久二郎が独立したのは、昭和八年である。小林勇が周囲の勧めで岩波書店に戻ったのは、昭和九年である。これもまた、小山と小林の表に出ない事情を物語っている気がしてならない。

しかし、小山は小林無きあと、五年間、岩波文庫に関わった。彼が言うように、翻訳権の問題は十分注意して仕事をしてきたと思う。

岩波書店がその翻訳権について、どのように対してきたかは、昭和七年のジェイムズ・ジョイスの『ユリシーズ』の競訳事件を調べると、はっきりわかる。

『ユリシーズ』については、その翻訳以前に起きた小林秀雄vs伊藤整の新心理主義文学論争や、競訳が出てからはその比較や発禁問題を論じたり、発行元の第一書房社主長谷川巳之吉と岩波茂雄の争いに触れられているが、当時の翻訳権事情の理解に少し欠けている面があるようだ。

昭和初年の『ユリシーズ』（みすず書房）

『ユリシーズ』の第一書房版（『ユリシイズ』）は、昭和六年（一九三一）一二月、伊藤整・永松定・辻野久憲共訳で出版された。岩波書店版（岩波文庫）は、それより二カ月遅れた昭和七年（一九三二）二月五日、森田草平・名原広三郎・竜口直太郎・小野健人・安藤一郎・村山英太郎共訳で出版された。

後発の岩波書店は、当然のこと、出版記念会や広告に力を入れた。その広告が、岩波茂雄と長谷川巳之吉の争いを引き起こす。『ユリシーズ』の刊行に合わせるように創刊した『新英米文学』一号に載ったのが、それである。

川口喬一『昭和初年の『ユリシーズ』』から孫引き引用をすれば、その広告は、『ユリシーズ』

に最大級の賛辞を送ったあと、次のように謳っている。

……その表現に使用したテクニークは過去のあらゆる文学手法の一大綜合であり、綜合であるのみならず、実に大胆な実験でもあつた。『意識の流れ』の手法は、その一部のテクニークに過ぎない。小説の革命。（略）その影響は（略）遂に日本の文壇の新心理主義となつて現はれた。然し日本に於けるヂォイスへの理解は、恐らくそのテキストの難解の故に、全的とは言ひ難い。（略）『ユリシーズ』の如き難解書を単なる文学者の企て及ぶものに非ず、この点、岩波版は最も信頼し得るものたることを確信する。

たしかに当時であったら、だれが読んでもこれは第一書房版の翻訳者伊藤整たちを批判するものであった。この他、訳業の期間の長短、平易さを比べ、第一書房版を暗に貶《けな》したようすだった。

長谷川巳之吉は、すぐさま自社の雑誌『セルパン』昭和七年四月号の「社中偶語」で、岩波ともあろうものが「文学者」とか「読んで分る」とか失敬に値する広告文を書いて平気かとまえがきして、次のように反撃した。

四年かゝつた五年かゝつたと大言壮語しても、原稿ができてゐれば急いで二三週間で出せる文庫の『ユリシーズ』だ。而も僕は八月頃、伊藤、永松、辻野の諸君と連れ立って岩波君を訪問して、「僕の方は十月には出せるのだが若し一と月位なら待つてゐてもいいから同時に出そうぢやないか」とまで云った位だ。然るに岩波君は「自分の所は翻訳権のないものは絶対に出さん主義だから」と頑張つて僕と相談を共にしそうもなかつた。其後待つても岩波の方は出そうもないから僕の方は待ちきれずに先きへ出したのだ。それだのに人の本が二ヶ月もたつて出てきて「俺の方が本当の完訳だぞ」と云はぬばかりの広告をしてゐる。

………………………………………………………………

小林勇は、先の『惜櫟荘主人――一つの岩波茂雄伝』でこの争いを書いている。それによれば、岩波茂雄は「自分の仕事に熱心であり、厳しいが、他の本屋が、自分のことを悪くいへば許さないところがあった」と言い、雑誌『思想』五月号に広告文の詮議より翻訳の良否だとして、次のように反論したという。

…………

長谷川氏は岩波版ユリシーズが二月遅れて出たことを繰り返し、僕の方の訳者が何か悪いことでもして居ると云はぬばかりの口吻を漏らして居る。堂々たる人の心事を曲解する

…………………………………………………………………

は見上げた根性でない。気を付けたがよい。一日も早く出版したいのは吾々一同の希望であるに拘らず遅れたのは訳者の翻訳的良心が余りに強かった為と一つは翻訳権の解決を待った為である。

　僕は長谷川氏が翻訳権を持って居るならば、自分の方は中止しようと決心して、態々第一書房に問合した程であった。出版の遅れた二ヶ月はその翻訳権の解決の為の時間であった。いくら本を売り度いからと云っても翻訳権を無視して迄出すことは恥づべき事である。翻訳条約の可否は別問題とし、国際的に契約した事は信義を重んずる国民として履行する義務を感じねばならぬ筈である。

…………………………………………………………………


長谷川もこれに対して主として翻訳権についての反論を書き、『セルパン』五月号に載せようとした。だが、発行部数が多い『セルパン』で一方的主張するのもいかがかと思い、その原稿を岩波に送り、寄稿をうながした。『セルパン』五月号の「余白」は、その後のことを次のように記している。


…………

　岩波氏から電話で会見を申越しされたので、親しくお話を承ったところ問題の点は「翻訳権の消滅を待った」という意味であり、岩波、長谷川両氏の個人的な交誼の状〔ママ〕が、この種の文章を載せる必要を認めなくなったので、長谷川氏の原稿を掲載しないことにした。

…………


記しているのは、『セルパン』編集部である。翻訳権については、その時点で、その「解決を待った」という岩波茂雄の言う意味が、長谷川にわかったはずである。原稿の掲載は見送らざるを得なかった。長谷川は、十二月に出したことについて、臍《ほぞ》をかんだにちがいない。

岩波側は、十年留保による『ユリシーズ』の日本における翻訳権の消滅を待ったのであって、「自分の所は翻訳権のないものは絶対に出さん主義だから」と言ったのではなく、「翻訳権を無視したものは」か、「翻訳権のあるものは」出版しないというようなことを言ったのであろう。

岩波書店は、当初から原書発行から一〇年経ち、翻訳権が消滅したのち出版する予定だったと思う。第一書房も翻訳権十年留保によって翻訳権消滅後に単行本を出すものと考えていたから、長谷川巳之吉が前年の十月にも出せると言ってきたのには、最初は驚いたと思う。もし第一書房がジョイスから翻訳権を取得していたら、岩波版は出せなくなる。

岩波が自らの翻訳出版を中止する覚悟で、第一書房が翻訳権を持っているかどうかを問い合わせしたのはそのためである。そうでないことを知ったので、安心して予定通り、発行日から満一〇年経った昭和七年二月五日に出した。「堂々たる人の心事を曲解するは見上げた根性でない」と岩波茂雄が言ったのは、そのせいである。

決して小林勇の言うように、他が悪口を言ったら許さない性向から発言したわけではない。ベルヌ条約に加盟していることに不満であっても、国際条約に従うべきだとあえて言い、長谷川巳之吉も、のちの小山久二郎のように十年留保を無視した非を知って沈黙したのだと思う。

先に孫引き引用した川口喬一『昭和初年の『ユリシーズ』』によると、「極東僻遠の地」でなされた『ユリシーズ』は、「無断翻訳」であるにもかかわらず、その七月には著者のジェイムズ・ジョイスに知られることになる。しかも、二種類も翻訳出版されたことをジョイスは知る。

ジョイスは、友人を介して、東京のイギリス総領事に、法的措置を取るよう依頼して、折り返し、日本はベルヌ条約によって翻訳権十年留保を行使し、海外の著作物を翻訳出版していることを初めて識《し》った。しかし、一〇年以内に出版されたものであれば、無断翻訳になる。

交渉の結果、『ユリシーズ』の翻訳権料は、支払われることになった。だが川口喬一の先の著書によると、リチャード・エルマンの『ジェイムズ・ジョイス伝』には、ジョイスは少額だと言って、それを怒りに任せて突っ返したと書かれているという。

一方、長谷川巳之吉を描いた大著、長谷川郁夫著『美酒と革嚢』によると、伊藤整は「ジョイスの夢」で次のように記しているというのである。

> 私たちの『ユリシーズ』の翻訳は上下二冊にして、上巻は昭和六年末、下巻が昭和九年に出た。岡倉由三郎―オグデン―シルヴィア・ビーチ―ジョイスという経路で翻訳の許可を得て、イギリス大使館経由で印税が、多分昭和七年に送られた。私たちの下巻の印税は全部原作者あてに第一書房から送られ、私たちは一文の収入もなかった。

『ジェイムズ・ジョイス伝』のエルマンの言うのが正しければ、一〇年以内に無断翻訳された第一書房版が、その後の交渉によってペナルティ的使用料を支払わされたとみて、ほぼ間違いないだろう。伊藤整たちの翻訳料は、そちらに流れたに違いない。

因《ちな》みにクレミウの『不安と再建』事件を契機に訳者、出版社、関係団体（官庁）などが参加して設立された国際著作権問題協議会が、昭和十一年五月の第一回総会でその作成を決議したパンフレット「国際著作権会議に際し各国代表並びに各国著作家出版社に提示すべき日本翻訳出版界の特殊事情」には、次のように書かれている。

> 一昨年、アイルランド作家ジェイムズ・ジョイスの「ユリシイズ」の翻訳権問題に関し、示談的に支払ひたる金額五百円（先方よりは千五百円を要求）は翻訳者の所得たる一冊定価

上巻　二円　　　　二千部
　　　　印税＝四〇〇円
下巻　一円五十銭　千五百部
　　　印税＝二二五円
中より支出せられしものにして、その残金を翻訳者三氏にて分配せし金額は一人宛四十円に満たなかった。

…………………………………………

一方、岩波書店は、翻訳権侵害としてペナルティを支払わずに済んだ。第一書房版が原書発行後一〇年以内に出版され、使用料が支払われたにせよ、無許諾であったため著作権者が翻訳権を行使したことにはならないからだ。

もっとも岩波書店の一〇年の計算は、今から見ると、おかしい。『ユリシーズ』のイギリスでの発行は、一九二二年二月二日である。その日から満一〇年経っているが、旧著作権法は、翌年の一月一日から数えることを定めている（旧法九条）。イギリス側も気が付かなかったが、実はその年の昭和七年一杯、翻訳権は存続していたのである。

翻訳権十年留保の計算に間違いがあったにせよ、岩波書店が翻訳権のあるものは、絶対に出さなかったのは、当時のヨーロッパの文学作品の初出翻訳を岩波文庫で見ていくとよくわかる。

すべて一〇年間、経過している。当時、岩波文庫でよく読まれた三人の作家の作品を例に挙げよう。

[トーマス・マン]

『トニオ・クレーガー』(原書発行　一九〇三)↓昭和二年(一九二七)

[アンドレ・ジッド]

『田園交響楽』(原書発行　一九一九)↓昭和八年(一九三三)

『法王庁の抜け穴』(原書発行　一九一四)↓昭和三年(一九二八)

『イザベル』(原書発行　一九一一)↓昭和九年(一九三四)

[ヘルマン・ヘッセ]

『車輪の下』(原書発行　一九〇六)↓昭和一三年(一九三八)

『デミアン』(原書発行　一九一九)↓昭和一四年(一九三九)

そのほかこれら作家の既訳作品の文庫化でも、翻訳権が消滅したもののみ収録している。小林勇がいっとき岩波書店を去った後、文庫の出版を担った小山久二郎が、それを知らないはずがない。彼の「翻訳権の問題は十分注意して仕事をしてきた」という言葉は、その通りであったと思う。

それは岩波書店だけでなく、マンやジッドやヘッセについては、当時から海外文学を出していた新潮社にせよ、三笠書房にせよ、翻訳権消滅のものを出版している。トーマス・マンの『マリオと魔術師』（原書発行　一九三〇）など、一一年目の昭和十六年（一九四一）に三笠書房が翻訳出版している。またヘッセの一〇年を経ていないものは、三笠書房は原作者から翻訳権の許諾を得たと聞いている。

戦前、雑誌『セルパン』を中心に海外文化紹介にも力を入れた第一書房の出版活動についてはのちに触れるが、長谷川巳之吉は優れた出版人であった。だが、その言動でもわかるように翻訳権の知識に欠けていたことは事実であった。したがって『ユリシーズ』事件で損害賠償を支払わざる得なかったことは、大きな教訓となったのであろう。

昭和八年（一九三三）に翻訳出版したアンドレ・ジッド『一粒の麦もし死なずば』（原書発行　一九二六）の前半を出したものの後半を出さず、『ユリシーズ』の損害賠償金を支払うことで決着をみた翌年の昭和十年（一九三五）、全訳版を改めて出し直した。訳者堀口大学は、原書発行とされている一九二六年は実際に販売された年で、一九二三年が初版と覚書にわざわざ記している。

おそらく、きわめて数少ない翻訳権存続のものの翻訳出版については、出版社か訳者かがきちんと権利を取るか、取らなかったかの二つに分かれていたのではないか。それが昭和に入ると条約重視に、次第に変わっていったのだと思う。そのことは、次の「『青年の心理』と昭和初期の翻訳」で当時の翻訳出版全体を見ていくと、よくわかる。

＊注　安倍能成（あべ　よししげ、一八八三〜一九六六）哲学者・教育者。旧制一高校長を経て、戦後、文部大臣、学習院院長。夏目漱石門下の四天王の一人。

4　『青年の心理』と昭和初期の翻訳

当時は、コピーライト表記はなかった。コピーライト表記が必要になったのは、昭和三十一年（一九五六）四月二十八日、日本が万国著作権条約*注に加入してからである。

そのコピーライト表記がないこともあって、翻訳者の「あとがき」や解説に触れていないと、著者の許諾を得たかどうかわからない。私はかつて、国会図書館で初版本を閲覧して、そのあとがきをチェックしたことがある。

多くは、翻訳者が翻訳出版契約の交渉をしていた。出版社だけでなく、翻訳者の翻訳権についての知識や配慮も必要であった。それだけ翻訳者の役割は大きかったのである。

けっこうそれがきちんと行われていたため、それから生じるトラブルをまとめるのに苦労した経験さえあった。日本でも数々の翻訳があるドイツの教育学者、エドアルト・シュプランガーの『青年の心理』がそれである。

原書はドイツで一九二四年に出版され、戦前の昭和七年（一九三二）に日本で翻訳出版された。当時、多く読まれた書である。当初は教育研究会から出版され、のちに刀江《とうこう》書院が引き継いで出版し続けたという。それが戦後、どういういきさつがあったのか、昭和四十八年、違う二つの社からほぼ時を同じくして翻訳出版された。戦前からの訳者の本は、翻訳権を取得して出た。一方は新訳で、翻訳権消滅として出版された。

問題だったのは、翻訳権消滅と助言したのが、日本書籍出版協会の著作権相談室であったことである。翻訳に使用した改訂版が、出版されてから一〇年以上経過しているから問題ないという判断であった。もっとも改訂版といっても、序文が変わっているだけで、内容は変わっていない。

翻訳権を仲介した私は、出版界の著作権に関する長老というべき美作太郎に呼ばれ、担当した相談員を交えて事情を聴かれた。また布川角左衛門は、わざわざ足を運んで、両者の納得のいく解決をするよう申し入れてきた。あきらかに日本書籍出版協会のミスであったからである。だが発行部数の確認で、当事者の話し合いが決裂していたので、その処理には汗をかいた。

これなど戦前に翻訳出版されていた事実を、著作権相談員は知らされていたというから、「無断翻訳伝説」に惑わされた疑いがある。まさか昭和七年の段階で、「極東僻遠の地」の日本の出版社が、原書発行後八年も経っている著作物の翻訳権をきちんと取っているなど、想定外だったのだろう。

だが『青年の心理』の翻訳権を取得した出版社は、昭和七年の翻訳者とドイツ側権利者との印税をやり取りした「古文書」を私に見せた。翻訳者が、翻訳権の許諾をしっかり取っていた証拠であった。私は、改造社の『シャーロック・ホームズの事件簿』のときと同じ感動を受けたものである。

事実、私が自著『翻訳権の戦後史』（みすず書房、一九九九）で調べたように文芸書に限られるが、戦前は死後三〇年で著作権が消滅していたものはもちろん、ベルヌ条約加盟時点（一八九九）ですでに発行後一〇年を経ていたもの、当時は翻訳自由のアメリカや著作権条約非加盟のロシアなどの著作物の翻訳出版が、九〇％以上を占めていた。

明治以降、戦前一番多く翻訳されたのがトルストイ、ついでチェーホフ、ラフカディオ・ハーン、モーパッサンとつづき、さらにゲーテ、ゴーリキー、ポー、ドストエフスキーであった。すべて翻訳権は保護する必要がないか、消滅している。

また戦前の昭和は、日米間に緊張があったにもかかわらず、けっこう、アメリカ文学の翻訳が盛んであった。アーネスト・ヘミングウェイの著作では、『武器よさらば』（一九二九）、『誰がために鐘は鳴る』（一九四〇）が、アメリカで発行後の翌年それぞれ翻訳出版されている。

映画になったマーガレット・ミッチェルの『風と共に去りぬ』（一九三六）などは、翌々年に二つの訳が出ている。ヴィッキー・バウムの『グランド・ホテル』（一九三一）も同年に翻訳出版されている。

そのほか、ジョン・スタインベックの代表作『怒りの葡萄』（一九三九）など、数多くの著作がアメリカで出版されたあと間をおかずに翻訳されている。当時の日本人が、政治とは関係なくアメリカに親近感をもっていたこと、ヨーロッパよりアメリカの情報が入りやすかったことのほか、やはり、戦前は日米著作権条約（一九〇六）によって翻訳が相互自由であったからであろう。

よくよく見ていくと、すべてにいえることは、翻訳大国とは名ばかりで、少数の著者に集中していて複数訳が多く、著作権のあるものでも、その大半が一〇年以上経っていて、翻訳権は条約上も著作権法からも消滅していた。

「翻訳は九九％までが条約を無視して原作者に無断で翻訳がなされている」ことも、著作権法を守り「翻訳のため一々外国の原著者に許諾を求め、その版権料を交渉するような几帳面な著作者は、日本にほとんどいなかった」というのも虚構であったのである。

ここにいう著作者とは、翻訳者を意味している。先に小山久二郎の報告をもとに会合が開かれ、それが日本翻訳家協会になったと言ったが、その中心メンバーであった中島健蔵はその結成の事情、本音ともいうべきことを、さきの国際著作権問題協議会が出したパンフレット「日本翻訳出版界の特殊事情」で次のように言っている。

プラーゲ氏が楽壇に対して行ってきた権利金の取り立てを、文学方面にも及ぼして日本の出版事情としては到底引き受けられないような過大な要求を行い、殊にその態度の傲慢なのが、最初に槍玉にあげられた故増田篤雄氏への同情と相むすんで、我々を異常に刺激したのであった。金銭の問題よりも、単に金銭関係ばかりで押そうとするやり口の方が面白くなかったのである。

……………………………

この過大な要求というのは、一切の翻訳は事前に著作権者の許諾を得ること、その仲介にプラーゲが当たること、印税は一割五分とし原作者と翻訳者とで二等分にする、の三点であった。金銭の問題というより、プラーゲに対する反発のように言っているが、この「一切の翻訳」が翻訳者をはじめ、出版社の過激な反応を呼んだのではないだろうか。

もともと幕末の不平等条約の改正の引き換えに、翻訳権を保護しなければならないベルヌ条約に加盟すること自体、出版社は反対運動を繰り広げてきた歴史がある。当時はベルヌ条約加盟国も少なく、アメリカ、ロシアも加盟せず、語源語系が違う日本のみが、東洋で唯一加盟を強制させられていたという被害者意識が根深くあった。

岩波茂雄が長谷川巳之吉に、「翻訳条約の可否は別問題」と言ったのはその意味からである。その当時は、ベルヌ条約脱退や、翻訳は本来自由であるべき論さえ起きていた。中島健蔵たちの反発には、その背景があった。第一書房の『ユリシーズ』の翻訳出版も、それらの風潮と関係があったのではないだろうか。

問題なのは、第一書房が出していた雑誌『セルパン』が、多くの海外ものを多用したことである。もっともヒットラーやゲッペルスなどはむしろ掲載を歓迎しただろうし、スターリンやトロッキーなどは、著作権を主張するはずはない。

ただし『セルパン』には、国際情勢を報告する海外の雑誌記事も載っているから、翻訳権を侵害したものもあったであろう。だが、その多くを占めるジョン・ガンサー、エドガー・スノーをはじめとするアメリカのジャーナリストの論文は、翻訳自由である。戦前の翻訳ものでは最大のベストセラーになり、総計で百万部を売った第一書房刊行の新居格訳、パール・バック『大地』も、同様にアメリカの著作物であった。

一般的に新しい文学作品は、海外での評価を待って、一〇年経過してから翻訳出版をしていた場合がほとんどであった。先進社のように、海外のエンターテインメントに飛びついて無断翻訳する社は少なかったし、その頃はそれを受け入れる読者層もあまりなかった。それは私の経験した、戦後の昭和二十年代の出版状況、とくにミステリーやエンターテインメントの翻訳出版の無残な失敗からもいえることである。

にもかかわらず、「無断翻訳伝説」がのちに一人歩きしたのはどういうわけだろうか。ひとつには海外の著作者は、ベルヌ条約をよく理解せず、すべての国で自国と同じ保護を受けるという認識で、十年留保を知らなかったことがある。

有名な話だが、イギリスの劇作家バーナード・ショウは、アメリカにわたって各地で大歓迎を受けた。不思議に思って調べたところ、当時のアメリカは国際著作権条約に加盟せず、「無断で」彼の作品を上演したり、翻訳したりしていたことがわかった。毒舌家のショウも、唖然として言葉がなかったという。

『ユリシーズ』の例でもわかるように、ジョイスも日本の翻訳権十年留保を知らなかった。「無断翻訳」だとして怒った著者たちのクレイムは在外公館に届く。また、駐在の記者に知られることになる。在外公館はとにかく、ベルヌ条約に詳しくない記者の報道で、「無断翻訳伝説」が形造られていったのだと思う。

もうひとつは、日本側、とくに翻訳者たちのプラーゲ博士に対する過剰反応が、無断翻訳をしていた証拠として勘ぐられた面がないともいえない。プラーゲ博士の摘発がなくとも、増田篤雄の死は、予想されていたことである。小山久二郎が自ら認めている失敗を、ことさら翻訳出版全体の問題とする必要はなかった。

だが『ひとつの時代』を読み、小山書店が当時、著作者のなかで大きな存在であったことを初めて知った。とくに文芸の分野で、佐藤春夫、永井荷風、内田百閒、宇野浩二をはじめ、火野葦平の『糞尿譚』から始まって中山義秀、中里恒子等々の芥川賞受賞作品の多くを刊行している。

その小山書店が、翻訳権を侵害したとしてプラーゲに摘発されたのである。「無断翻訳伝説」が生まれてもしかたなかったのであろう。だがそのことで、小山書店は、チャタレー裁判だけでなく、無断翻訳の『不安と再建——新らしい文学概論』の出版社として、昭和の翻訳出版史に名を残すことになった。

＊注　万国著作権条約　当初はユネスコ条約と言われ、日本は一九五六年四月二十八日に加入した。登録しないと著作権が保護されない諸国とベルヌ条約を結ぶものと言われたが、じつは登録を必要とせず、著作物が創られたときに著作権が発生するベルヌ条約に加入しないアメリカとの暫定条約的役割を果たしたもの。©を付すことで、アメリカで登録せずとも保護されることが主な目的。アメリカがベルヌ条約に加入することでその役割は終わったといえる。

5 菊池寛の「小学生全集」と『青い鳥』

昭和の初期には、あまりにもプラーゲ旋風が騒がれてしまったため、後世に伝わらなかった大きな翻訳権侵害裁判があった。チルチル、ミチルの兄妹が幸福の青い鳥を求める童話劇、メーテルリンクの『青い鳥』にからまる事件である。この裁判は、昭和四年から七年にかけて争われたが、あまり知られていない。

訴えたのは『青い鳥』を翻訳した若月紫蘭、訴えられたのは同じく『青い鳥』を翻訳した菊池寛、楠山正雄、それを出版した文藝春秋・興文社、冨山房、新潮社、誠文堂新光社とその代表者。

菊池寛は、小説家であっただけでなく、文藝春秋社の創始者である。このときは、翻訳者としてだけでなく、文藝春秋社社長としても訴えられたことになる。

また裁判には名が出てこなかったが、若月紫蘭の翻訳を出版していたのは岩波書店である。

青い鳥（文藝春秋・興文社、小学生全集）

そのことからいっても、当時の主要な書籍出版社をほとんど巻き込んだ大事件であった。

『青い鳥』は、岩波書店が岩波文庫で出版し、文藝春秋・興文社は菊池寛訳を「小学生全集」第七五巻として出版した。また冨山房は「画トお話ノ本」第六巻に、新潮社は「近代劇選集」第一巻に、誠文堂新光社は「世界戯曲全集」第三六巻『白耳義（ベルギー）、和蘭（オランダ）近代劇集』に楠山正雄訳をそれぞれ収録した。

私は、『青い鳥』が人口に膾炙《かいしゃ》したのは、菊池寛とその親友芥川龍之介が編集した全八八巻の「小学生全集」（初級用三三冊、上級用五五冊）に入ったことによると思っている。

「小学生全集」は、四色刷の口絵やカットが入っていた。その頃としては初めての色刷の口絵は、共同印刷がそれが可能な印刷機を導入したからできたのだが、それに加えて菊判三〇〇頁の分量で定価三五銭は、きわめて安かった。

菊池寛がいかなる全集も、到底比べものにはならない破天荒な廉価で、出版界に革命を起こすものと豪語したが、アルスの「日本児童文庫」（全七六巻、定価五〇銭）と競い合って、児童図書でのマスプロ・マスセールの出版を切り開いたといってよい。

なかでもこの「小学生全集」の特色は、海外の小説を数多く紹介したことである。その点アルスの「日本児童文庫」は、『世界童話集　上下』の二巻と『西洋冒険小説集』一巻にとどまっている。菊池寛は海外の作品を収録することについて、次のように言っている。

……………………………

自分は文学者であるから、此の全集の中に、世界の少年少女文学の傑作は悉く集めることにした。「クオレ」「少公子」「ジャングル・ブック」「家なき子」「ピイタア・パン」などは、面白いこと無類で、これをよむとよまないで、子供の性格や情操に差違が生じはしないかと思はれるほど、強い感銘を与へるものだと思ふ。

（『文藝春秋』昭和二年五月）

そのほか海外ものには、「ロビンソン漂流記」「黒馬物語」「フランダースの犬」「アリス物語」（不思議な国のアリス）「ホーマー物語」や、イソップ、グリム、アンデルセンの童話集、怪盗ルパンやシャーロック・ホームズが活躍する「少年探偵譚」などが収録されていた。

のちに幾度となく企画された世界児童文学全集の原点を視《み》る思いがする。事実、私たち同年代の多くが、昭和十年代、小学校高学年時に愛読した講談社「世界名作物語」は、これをモデルにして発展させたものとみてよい。

菊池寛は、その海外の作品のほとんどを翻訳している。そのひとつに、この『青い鳥』が収録されたのである。発行されたのは、昭和三年であった。

一方、若月紫蘭は劇作家で翻訳者でもある。東京帝国大学を出て、教師をしたあと、『万朝報』の記者となった。『青い鳥』事件訴訟時は、東洋大学教授で国文学を教えていた。戦後は、郷里に戻り、山口大学の講師を務めながら人形浄瑠璃の研究に専念した人である。

『青い鳥』は五幕の童話劇で、作者メーテルリンクは、ベルギーの詩人、劇作家で、正式の名は、メーテルリンク伯爵モーリス・ポリドール・マリ・ベルナールという。一九〇九年にまず英訳本の『青い鳥』を出し、一九一一年にノーベル文学賞を受賞し、さらに一九一三年、原書（フランス語）を発行するという経緯がある。

若月紫蘭は、大正二年（一九一三）の春、メーテルリンク伯の許諾を得てその年の暮れ、まず英訳に基づき翻訳を発行した。その後、大正四年、原書（フランス語）から翻訳して植竹書院から発行した。

事件は、その若月が昭和三年（一九二八）に著作権登録をすることから始まる。その翌年の昭和四年、若月は、菊池寛や楠山正雄らの翻訳者とその出版社五社に、著作権侵害排除、謝罪広告、損害賠償、慰謝料を請求して東京地裁に訴えた。

伊藤信男の『著作権事件百話』（著作権資料協会、昭和五十一年）によると、若月紫蘭は昭和六年一月三十日の法廷で次のように主張したという。

自分はメーテルリンクから『青い鳥』の日本に於ける翻訳権を与えられて居り、著作権法には、原著者から翻訳権を与えられないものは翻訳権所有者の承認なしに出版することは出来ない旨規定されている。然るに菊池、楠山両氏は自分の承諾なしにこれを翻訳したので、その侵害行為を排除して貰いたい、同時に外国の出版物の翻訳権は最初に翻訳したものに与えるという趣旨の判決をして貰いたい。

初めてこの事件に接したとき、当時の翻訳出版事情に疎かった私にとって不思議な点があった。それは、すでに新潮社から二度も楠山正雄の『青い鳥』が「近代劇選集」のほか「泰西戯曲選集」にも収録されていたり、他からも翻訳が出ていたのに、若月紫蘭はこの時点まで問題にもせず、訴えていないことであった。

登録までして裁判を起こしたその昭和四年は、若月自身の訳が岩波文庫の一冊となった年である。それと相前後して、四色刷で定価三五銭という、挿絵入りで廉価な菊判「小学生全集」の菊池寛訳『青い鳥』が出たことと無関係ではないだろう。

菊池寛へ要求した賠償額は六万二五〇〇円、公務員の初任給が七五円のときである。いまの金額に直せば一億円を超す。それに比べて、大正九年から「近代劇選集」などを出していた新潮社へは、二八四〇円と少ない。このことからも、この訴訟が岩波文庫と「小学生全集」の争いと見たほうが妥当であろう。

この菊池寛の「小学生全集」は、創刊前からアルスの「日本児童文庫」とあい争った。昭和初期の全集合戦として、改造社の「現代日本文学全集」vs 春陽堂の「明治大正文学全集」と並んで、いまでも出版史に残るものだが、その結果、とかく『青い鳥』事件の真実が見失われている気がしてならない。

たしかにこの「小学生全集」と「日本児童文庫」とは、かたや菊池寛・芥川龍之介、かたや北原白秋がバックについたことや、企画の盗用の有無や派手な広告合戦、双方が相手を名誉棄損や業務妨害で訴える泥仕合などがあって、当時の全集合戦の激しさを物語るものである。そのあげくアルスの倒産と再建などがあって、そちらに目が行きやすいが、『青い鳥』は、日本で初めて翻訳出版が訴訟の対象になった事件であることは銘記しておく必要がある。

その『青い鳥』事件の判例を読んでまず奇異に感じたのは、著作権を侵害されたメーテルリンク伯が「訴外」とされ、当事者とされていないことであった。なぜ原著者が、著作権侵害事件に原告にならず、無関係であったのだろうか。

この裁判には、専門の学者や著名な弁護士が綺羅星のように原告、被告の代理人になっている。原告側には、五・一五事件、神兵隊事件、ゾルゲ事件、東京裁判では広田弘毅の弁護人とな

世界童話集　上（アルス、日本児童文庫）

世界童話集　下（アルス、日本児童文庫）

西洋冒険小説集（アルス、日本児童文庫）

り、のちに検事総長になった花井忠や、プラーゲ博士の弁護人になった日大教授山下博。

被告側には、『著作権法概論』の榛村専一や『無体財産権法論』の飯塚半衛などの権威ある学者たち、反プラーゲで戦った浜野栄一、のちに第一東京弁護士会会長になった毛受信雄などの弁護士。

判例には出ていないが、ここで争われたのは、若月紫蘭がメーテルリンクからもらった手紙で使われている、authorizedという言葉であったという。これが、譲渡を裏付けるワードかどうかであったというのである。

若月側の主張は、『青い鳥』の翻訳権の譲渡を受けており、たとえ譲渡でないとしても、唯一、翻訳の許諾を得たものが、許諾を得ないものの翻訳で損害を与えられたことは事実である。さらに、菊池寛、楠山正雄の翻訳は、自身の翻訳を「剽窃改竄《ひょうせつかいざん》」したというものであった。

菊池寛をはじめとする被告側の反論は、若月紫蘭はメーテルリンクから翻訳権の譲渡を受けられるはずがない。なぜならばメーテルリンクは、原書を出すとき、「仏蘭西巴里ノ書肆イユヂユー、ヌフワスケール」に著作権を譲渡しているからである。

一歩譲って、譲渡を受けたとしても、翻訳権登録をしたのは昭和三年（一九二八）である。大正二年、大正四年時は、正当な翻訳権者でない。一九〇九年に公刊された著作物は、翻訳権十年留保の旧法第七条、第九条により一九一九年に翻訳権が消滅していると主張した。

たしかにフランスの著作権法は、かつてもいまと同様、出版契約は、一定の条件に従って著作権が出版者に譲渡されるかのように定められていたはずである。しかし、「複製物を多数製造しまたは製造させる権利」である。複製権であって翻訳権ではない。

さらに日本の著作権制度は、ベルヌ条約に基づく発生主義である。当時のアメリカのように、登録によって著作権が保護されたわけではない。原稿があり、絵画があれば、その著作者は著作権者となって、無条件に保護される。それらを熟知しているはずの被告側の専門家や弁護士が、譲渡登録した時点で、公刊後一〇年過ぎていて翻訳権は消滅していたと主張するなど、私には考えられないことであった。

裁判所は、先のフランスの出版社に譲渡されている問題については、次のように判断している。

書面ノ作成セラレタル事実ヨリ翻テ推度スルトキハ尠クトモメーテル、リンクハ前記書肆トノ間ニ於テ原告ニ邦語ニ依ル翻訳ヲ許諾スベキ権能ヲ留保シ居リタルカ若クハ前記書肆ノ承諾ヲ得テ前記ノ如キ許諾ヲ為シタルモノト認ムルヲ相当トス

……………………

つまり著者のメーテルリンクが若月紫蘭に翻訳出版を許諾すると書面で言ってきたことからいって、メーテルリンクはフランスの出版者に翻訳権の譲渡をしていなかったか、あるいはフ

ランスの出版者の承諾を得て、若月に許諾を与えたと見るべきだというのである。私は、たいへん、正しい判断だと思った。

さらに原書刊行後一〇年以内に登録していなかったことを理由に、翻訳権が消滅したという被告の主張に対しても、裁判所は次のように言っている。

著作権者ヨリ翻訳ヲ為スベキ権能ヲ許与セラレタル者ニ依リテ翻訳物ガ原著作物発行ノ年ノ翌年ヨリ十年内ニ発行セラルルニ於テハ著作者ノ其翻訳権ハ消滅セズシテ其保護ヲ享有スベキモノト解スベク翻訳ヲ為スモノハ必ズヤ著作権者ヨリ著作権ノ譲渡ヲ受ケ且之カ対抗要件ヲ具備シタル者ニ限定スルガ如キハ著作権法第七条ノ解釈ヲ努メテ狭隘ニシ不当ニ著作権者ノ翻訳権ノ保護ヲ拒ムノ結果ヲ招来スルガ故ニ右抗弁ハ採用セズ、

……………………………

翻訳権が消滅していないと、はっきり述べて、被告側の主張を退けている。これも正しい判断である。

しかし、裁判所は、その書簡からメーテルリンク伯は若月に「邦訳スル単純ナル許諾ヲ与ヘタルニ過キサルモノト解ス」として、排地的独占的権利の譲渡を得たものでないと判断した。これがまた若月の翻訳を剽窃改竄したことを立証できないとして、若月の要求は斥けられた。これがこの裁判の推移である。

私の見たのは判例だけで、そこに並んでいる書面、証言、鑑定書を見たわけではない。次は私の推測である。

戦後のことになるが、私が実務で長年見てきたフランスの英文契約書には、独占的に翻訳出版することを許諾するという文言はなかった。代わりに、その権利をassignするとしているのをよく見かけた。

もしかしてメーテルリンク伯の若月に与えた書類には、exclusive（独占的排他的）なるワードがなく、代わりにassignが使われていたのではないか。ただ英語にせよ仏語にせよ、譲渡をはっきり示すtransferやそれに類する言葉はなかったのではないだろうか。

もっとも、この裁判には、東京帝国大学仏文科の教授辰野隆や戦後吉田茂内閣で法務総裁を務めた殖田俊吉など錚々たる専門家が証人や鑑定人になっている。秋田雨雀（徳三）まで証人になっている。裁判所が譲渡と認めなかったのは、正しかったのかもしれない。

ただ、exclusiveという言葉はなくとも、assignという言葉がもし使われていたら、「単純ニ原著作権者ヨリ翻訳ノ許容ヲ得タルニ過ギ」ない、独占して翻訳する権利ではないとしてよいのか。また若月に譲渡されていず、彼に損害賠償を要求する権利はなくとも、現実に活字になり出版されているのに、旧法の第二十一条を理由にして、「何人ト雖モ（即チ原著作権者ヨリ承諾ヲ得サル者ト雖モ）自由ニ他人ノ著作物ノ翻訳ヲ為シ得ル権能ヲ認メ」てよいのだろうか。

旧法の第二十一条は次のように定められていた。

第二十一条〔翻訳物〕翻訳者は著作者と看做し本法の保護を享有す但し原著作者の権利は之が為に妨げらるることなし

…………

翻訳する自由はあっても、原作者に無断で翻訳出版することはできないと定めてある。もちろん、判決は若月の主張に対してであり、原著作権者にのみ損害賠償の権利があることを示しているが、「但し」以下を理由に、被告側の翻訳出版は、違法であることをはっきり指摘すべきであった。

事実、『青い鳥』は、その後も訴えられた他社の出版は続けられた。そればかりか、新しく翻訳されて出版もされた。メーテルリンク側は、なぜそれを止めなかったのか。おそらく若月に assign し、それを authorized したにもかかわらず、敗訴したことでこれ以上裁判しても無駄と思ったのではないか。

メーテルリンク伯は、その遺言で日本での上演、放送、翻訳出版などによる著作権利用の一切を禁止した。その理由について、戦時下の日本軍の捕虜虐待などがあったと結構詮索されたが、私はメーテルリンク伯のこの裁判への失望と怒りがあったと思われてならない。

メーテルリンクは、一九四九年八七歳で死去した。ベルギーは連合国であったから、当然、保護期間に戦時期間[*注]が加算される。大ざっぱに言って二〇一〇年まで著作権は存続した。にもかかわらず、何十もの版の『青い鳥』が翻訳出版された。

私は、戦後も若月紫蘭訳を出しつづけた岩波書店が、他社の版を差し止めなかったことと併せて、昭和の翻訳出版の不思議のひとつであると思った。当時著作権を管轄していた内務省も、著作権専門家も、はたまたプラーゲ博士もそれに気づかなかったのだろうか。

「日本人は外国人と違いどうも〝権利〟というものに対する観念が非常に稀薄」だったと言うより、当時の学者や法曹関係者や専門家が、著作権の実務、特に海外の著作権についての知識がきわめて希薄であったと言ったほうがよいのではないか。私の経験からそのことを、のちに嫌というほど味わわせられたものである。

＊注　戦時期間　平和条約で課せられた旧連合国及び連合国国民の著作物の保護期間に加算する戦時期間のことをいう。開戦時前に発行されたものと、開戦後の戦中に発行されたものでは期間が違う。いずれも平和条約発効の前日までを日にち計算する。開戦時以前に発行された主要国、アメリカ、イギリス、フランスの著作物の戦時期間は三七九四日。一般的に一〇年四カ月二〇日と言われていた。翻訳権十年留保には、さらに六カ月加算され、やはり一般的に一〇年一〇カ月二〇日と言われていた。

第二章

占領下の超法規の時代

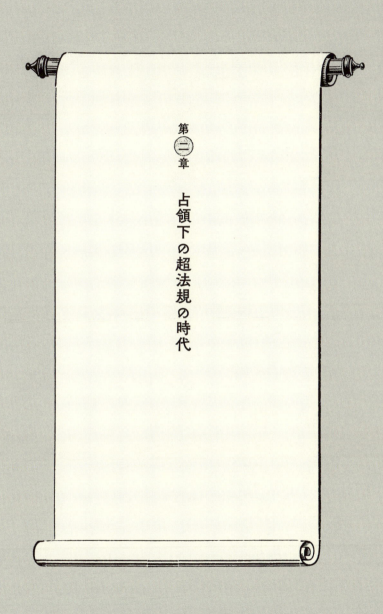

1　『チボー家の人々』と白水社の無念

外国人商社チャールズ・E・タトル商会版権部（のちに著作権部と改称）に職場が変わってすぐの昭和三十年初頭、意外な人が訪ねてきた。白水社の社長、草野貞之である。私の記憶では、残雪が残っていた日のわざわざの訪問であった。事前に、「仕事の話ではない。聞いておいてもらいたいことがある」という電話があった。

草野貞之に会うのは初めてではない。元の職場早川書房にいたとき、日本翻訳出版懇話会で何回となく会っている。もちろん、駆け出しの私が口をきける相手ではない。戦前から翻訳者として、かつ編集者として著名な大先輩である。

早川書房に入社してまもなく、社長の命で参加した翻訳出版懇話会では、私は会合に出席したとはいえ、のちに新潮社の出版担当役員となった新田敞とともに、受付で会費を戴く役をやっていたにすぎない。そこで話されたユネスコ条約（万国著作権条約）やその他の懸案のことなど、ただ承るだけでその問題の重要さなど、その頃の私にはさっぱりわかっていなかったと思う。

当時、銀座並木通りの近くにあった文藝春秋新社の地下で行われた翻訳出版懇話会には、あとで考えると第一線の出版人が、綺羅星のように集まっていた。先の草野貞之、布川角左衛門（岩波書店）、大塚光幸（朝日新聞社）、山崎安雄（毎日新聞社）、藤本韶三（美術出版社）、幹事役は、文藝春秋新社の安藤直正であった。

安藤直正は、いまなおロングセラーとなって社を潤している『アンネの日記』の翻訳権を、先んじて取得して出版した。のちに『文藝春秋』の編集長にもなった。布川角左衛門は、占領下の著作権法改正案起草審議会委員になりＧＨＱ（連合国軍最高司令官総司令部）の拙速な改正に抵抗した。岩波書店を辞したのち、栗田書店を経て筑摩書房再建に努めた。日本ユニ著作権センターの創立にあたっては、顧問として側面から努力してくれた。山崎安雄は、『著者と出版社』二冊を書き、戦後間もない貴重な出版事情を伝えた。

また、私が彼が死ぬまで公私ともに付き合った大塚光幸は、岩波書店から戦後朝日新聞社に移り、出版に携わった。吉川英治の信頼が厚く、遺族とも長く付き合ったという。定年後は『朝日新聞社史』（「百年史」）の編集に携わり、その完成を見たのが八〇歳だったので、総務が定期代の請求から実在を疑って、彼のデスクを覗きに来たというエピソードさえある人物だった。

大塚光幸は、共同通信社の北村治久とともに日本著作権協議会を創立し、著作権知識の普及にまさしくボランティアそのもので死ぬまで努めたが、それら日本翻訳出版懇話会の人には、その後、私は多くのことを教わった。

どのような経緯で翻訳出版懇話会を発足させたかは、ずいぶんあとになってそれらの人が亡くなるか、現役を退いてからわかるのだが、草野貞之の訪問がそれにも関わっていたことなど、その時点では、知りもしなかった。それにその頃フランス文学を主として出版している出版社が、英米の著作の翻訳権を扱っている私の部門に来ること自体、不思議であった。

草野の話をまとめると、次のようなものだった。

「日本の出版社は、いままで海外の著作権をきちんと保護してきた。にもかかわらず、著作権保護に欠けているとして、海外側の不当な要求をのまされる例が多い。だが、出版社は海外の著作権の侵害などしていない。それを念頭に、適正な契約を結ぶように」

私は、自身も編集者時代、占領下から引き続いて翻訳権を仲介している外国人エージェントの高圧的姿勢、条件の厳しさを味わってきた。占領が終わってから著作権仲介業務を始めたタトル商会へ転職した理由のひとつに、それを何とか改善したいという願望があった。

そのこともあって、言われるまでもないことだと内心思ったことは事実だったが、私は即座に彼の言葉を了承した。だが、今から考えると、彼の真意を完全に理解していたとは思えない。ただ私なりに、適正な契約をするよう努力した。

のちに平成六年頃、翻訳権十年留保廃止の動きを機会に過去の翻訳出版の歴史を調べるにおよんで、連合国軍占領下、日本の出版社が被った数々の受難（統制）を私はやっと知った。そのときの草野貞之の言葉は、私の仕事への適切な助言であると同時に、その受難を受けた出版社の痛切な提言でもあったのである。

草野貞之が訪ねてきた昭和三十年は、サンフランシスコ平和条約が発効（一九五二年四月二十八日）してから四年近くしかたっていなかった。その時点では、昔むかしの話ではなかったのだが、平和条約発効後に翻訳出版に関わった私には、わずかの差ではあったが、その占領下の困難や受難には考えも及ばなかった。

遡って昭和二十三年八月三十日、白水社は、戦前から翻訳出版していたロジェ・マルタン・デュ・ガール（一八八一〜一九五八）の『チボー家の人々』が、突然、ＧＨＱの「著作権に対する指令の適用に関する覚書」の対象になる憂き目にあった。著作権を侵害しているという理由で、発行を禁止されたのである。

白水社にとって、それがいかに心外なものであったか、のちの私の調べでもよくわかる。『チボー家の人々』（全九巻）の場合、戦前の昭和十三年（一九三八）、パリ在住のフランス文学者でアンドレ・マルローの訳者として知られる小松清と同盟通信社特派員井上勇を通じて、白水社はフランスのガリマール社と翻訳出版契約を取り交わしていたからである。

しかもそのなかには、『灰色のノート』（一九二二）、『少年期』（一九二二）、『美しい季節』（一九二三）などの翻訳権十年留保で翻訳権が消滅しているものもある。にもかかわらず、白水社は『チボー家の人々』をシリーズとして、過去に遡って権利を取った。

太平洋戦争前後のいずれかの時点から海外送金が不可能になったので、著作権使用料は特別な口座を開き、そこに積み立てていた。昭和十七年（一九四二）になると内務省警保局は、それら海外に送金できないでいる著作権料を旧法第二十七条による法定供託を命じた。白水社はそれに従って、内務省がＧＨＱによって解体される昭和二十一年（一九四六）まで法定供託を続けた。

事実、昭和十七年一月十五日、岩波書店、小山書店、河出書房、弘文堂、コロナ社、実業之日本社、創元社、第一書房、白水社、中央公論社、日本評論社など一五社の日本出版会翻訳物幹事会は、すでに翻訳権を取得している社は、内務省警保局海外課に契約証拠書類を届け、その指導に従う申し合わせをしている。

内務省警保局は、今の警察庁にあたる。それよりも、出版社にとって恐ろしい存在であったのは、警保局の新聞課、出版課は検閲に関わり、保安課は思想犯を取り締まった特高警察を指揮していたからである。海外の著作権を保護する名目で、敵性国家（英米）の出版物を統制する意味合いもあったが、その指導は絶対であった。

しかもそのときの指導には、翻訳権十年留保の一〇年の数え方まで入っていた。旧法九条による発行の翌年の一月一日から計算することで、岩波書店が『ユリシーズ』で計算した発行日からの計算を訂正している。法や条約を守ることにあたっては、特高警察の元締めも、忠実であったのである。

だが敗戦後、その法定供託も続けられなくなり、さらに海外送金も禁じられ、白水社はやむなく、戦中のいっとき、開いた特別な口座に印税を積み立てた。だがＧＨＱはさらに追い討ちをかけ、一九四七年六月十日付覚書で工業所有権や著作権の利用について一切その許可を得なければならないとした。

ただし著作権が消滅しているもの、著作権料の支払いが伴わないもの、戦前の契約が有効なもの、日本在住の原著作権者と個人的契約を結んだものは除外されると、ＧＨＱの担当官から口頭で日本出版協会に伝えられていた。おそらくその人物は、連合国軍総司令部民間情報教育局（ＣＩＥ）情報課長ドン・ブラウンだったと思われる。

白水社は当然、戦前の契約が有効という立場から、『チボー家の人々』を出版し続けた。ところが思いもかけない翻訳権侵害に当たる書とされたのである。やむなく発行を停止するとともに、翌年の昭和二十四年、ＧＨＱの認可を得たエージェントを通じて、旧契約とは比べものにならない高い条件でガリマール社と再契約をしたという。

無念な白水社が平和条約発効後の改正交渉では、戦前の契約の有効性をまず認めさせたのは、草野貞之の姿勢からいって当然であろう。やはり、戦前の出版人は、筋を通す硬骨の人であったのである。

白水社といえば思い出すのは、出版人二四人が招かれた「札幌雪まつりツアー」の帰路の昭和四十一年二月二日、全日空羽田沖事故で全員亡くなった一人に取締役編集次長篠田光夫がいたことである。彼の遺体だけ、半年も発見されなかったことと併せて、いまなお記憶に刻まれている。

篠田は翻訳権の窓口でもあったので、駿河台下の社まで訪ねて行ってしばしば会った。またフランス文学者が利用した神田今川橋の小料理屋が知人の馴染みの店だったので、そこでたまたま会うこともあって親しくしていた。

篠田と私が悩んだのに、Ｊ・Ｄ・サリンジャーの『ライ麦畑でつかまえて』の出版についてのカバーの表記から帯、解説に至るまでの著者の注文があった。日本の実情に合わないその注文通りにしたら、店頭で本を売ることが困難になる。

私は、先方の注文を形だけはのむよう白水社に勧めた。献本するとき、カバーと帯をはずせばよい。先方がクレイムを言ってきたら、私の段階で白水社はその形で発行したのだと言って突っぱねる。それで契約書に署名してもらった。本ができて、カバー、帯なし献本を受け付け、先方に送ったが、なにも言ってこなかった。半世紀も前のこと、それが通った時代であった。

篠田光夫が死んでからまもなく、私はタトル商会を辞めた。その前の二、三年は、仕事をこなしながら組合活動、しかも私の職場から二人も首を切られたので、その反対運動で心身ともに消耗した年月であった。

外国人商社の組合が出版関係の上部団体に加盟したことが、無理の始まりであった。私は反対を貫かれず、逆にその一員にされたので、余計苦しんだ。腸閉塞を起こし、手術も余儀なくされた。

それを折につけ、慰め、励ましてくれたのが篠田光夫であった。彼には外資系に勤める親族がいて、なにも告げないのに私の事情を察してくれたからである。すべてが遠い昔になったが、占領下の日本の出版社の受難は書き残さざるを得ない。『チボー家の人々』はそのひとつである。

2 『凱旋門』と『僧正殺人事件』

敗戦直後のベストセラーと言うと、必ず言われるのは誠文堂新光社の『日米会話手帳』である。三六〇万部売れたことは、当時の世相を物語るものとして、いまだに語り継がれている。翻訳出版でもジャン＝ポール・サルトルの『嘔吐』、アンドレ・ジッドの『架空会見記』などが、いっとき、ベストセラーとなったが、みな旧作である。また戦前に出たヴァン・デ・ヴェルデの『完全なる結婚』も性の解放のなかで、完訳版が売れた。そのなかで、昭和二十一年（八位）、昭和二十二年（三位）、昭和二十三年（五位）と三年続けてベストセラーになったエーリッヒ・M・レマルク『凱旋門』ほど注目された翻訳書はほかになかった。

もともとレマルクは、第一次世界大戦を舞台にした『西部戦線異常なし』の著者で、日本でもよく知られていた。そのうえ、ナチの侵略におびえた第二次世界大戦前のパリを描いたということがあって、多くの人に競って読まれたのだろう。

だがそれよりも注目を引いたのは、アメリカのベストセラー『凱旋門』が、あの敗戦後、日本で原書の発行より間をおくことなく出版されたことである。その『凱旋門』が翻訳され、ベストセラーになり、さらに消えていく過程ほど、敗戦後の翻訳出版がどのようなものであったのか、如実に物語るものはない。

ベトナム戦争をアメリカ上層部エリートたちの内幕から描いた『ベスト&ブライテスト』(浅野輔訳、サイマル出版会、昭和四十七年、のちに二玄社が復刻)は、名著として今なお評価が高い。その著者D・ハルバースタムの遺作『ザ・コールデスト・ウインター　朝鮮戦争』(山田耕介・山田侑平訳、文藝春秋、平成二十一年)は、昭和二十五年から始まり昭和二十八年に終わった朝鮮戦争を描いたものである。だが朝鮮戦争だけでなく、その前史である第二次世界大戦直後の「冷たい戦争」や中国における国共内乱を詳細に記述している。それを読むと、戦後の占領下、日本を取り巻く世界がどのように動いていたか、あまりにも知らなすぎたことに愕然とする。

その理由に、私たちが戦後の焼け跡からやっと立ち上がり、生きるのに精一杯であったことも挙げられるが、それより情報

凱旋門　上(共和出版社)

が主に米英の通信社、AP、UP、ロイターに限られ、しかも占領軍によるチェックを通過したものであったせいもある。

戦前、私たちが海外のニュースを知ったのは、主に同盟通信社や各新聞社の特派員の報道を通じてであった。それらは占領下と同じように、政府の検閲の網や自主規制があったにせよ、日本人によるものであった。

だが敗戦まもなく、同盟通信社は共同通信社と時事通信社に解体されただけでなく、特派員はすべて帰国させられた。また、海外との通信は、文通まで含めてできなくなっただけでなく、代金の決済ができなかったので、いっときまでは外国の新聞、雑誌、書籍は購入できなくなった。私たちは、言ってみれば情報の鎖国状態であったのである。

そのなかで、敗戦の翌年の昭和二十一年、アメリカで出たばかりのエーリッヒ・M・レマルク（一八九八〜一九七〇）の『凱旋門』がいち早く翻訳され出版されたのは、不思議といえば不思議であった。考えてみれば、その情報鎖国時代、どのようにして出版されたばかりの原書を手に入れたのだろうか。しかし、その当時、それを疑問とする声はなかった。

翻訳者は、同盟通信が解体されたので時事通信に移った井上勇である。井上勇は、先の章で触れたが、そのパリ特派員時代、白水社の依頼で『チボー家の人々』の翻訳権の交渉をして、契約までしている。

活字に餓えていた当時、雑誌にせよ、書籍にせよ、出るものはすぐ売れた。とくに『凱旋門』は、アメリカで話題の最新刊の翻訳ということもあって、たちまちベストセラーになった。この敗戦後、翻訳ものの初のベストセラーのことは、当時の出版人に直接取材した『図書新聞』記者、宮守正雄の貴重な著作『ひとつの出版・文化界史話――敗戦直後の時代』に詳しく書かれている。

それによれば、アメリカでは単行本の出版の前年の一九四五年、『凱旋門』は雑誌『コリアーズ』に一部掲載された。おそらくアメリカのマスコミ関係者から借りたか貰って読んで井上勇は、やはり同盟通信社解散後に時事通信社の取締役になった同期の板垣武男に、その年の暮れ、新橋のおでん屋でその『凱旋門』がいかに素晴らしいものであるかを喋った。

井上勇は、特派員として『凱旋門』に書かれていることを、同じ時期パリで身をもって味わってきたのだから、その読後感は強烈であったであろう。板垣も大変面白く聞き、それはそれで飲み話として終わった。

ところが翌年、アメリカで『凱旋門』が出版されてまもなく、井上は外国人記者から本を手に入れ、読むことができた。アメリカですぐベストセラーになったように、期待通りの面白さであった。板垣武男は、井上からそれを聞くと日本の読者にぜひ読んで見せたい内容で翻訳出版すべきだと思った。

といっても板垣も元・同盟通信社の内経部長で記者であり出版の経験もなく、現在、時事通信社の取締役である。また今後出版社を続けるつもりもない。そこで夫人千鶴子を代表者に、印刷を引き受けてもらう大日本印刷の北島織衛社長夫人、喜代子と彼の三人でこの本の出版のためだけの有限会社をこしらえ、井上に翻訳を急がせた。

当時の井上は、外電の翻訳に忙しく、毎日一番電車で出勤、夜遅くまで仕事をしたので、なかなか『凱旋門』の翻訳にかかれなかったという。そこで昭和二十一年八月休暇を取って伊豆の旅館にかんづめになって、翻訳に専念した。多いときは一日に四〇〇字詰原稿用紙で六〇枚翻訳したというから、すごいスピードである。一カ月かかって完成したと書かれている。

上下二巻で出版されたのだが、調べると二十一年十一月二十五日に出た上巻（本文四一六頁）が三〇円、二十二年三月一日に出た下巻（本文三八二頁）が百八〇円。わずか三カ月余で定価が六倍に跳ね上がっている。今日では想像を絶する当時のインフレのすさまじさがこれでもわかる。

だが海外の話題の新刊が、時をおかずに翻訳出版されたのだから、社会的にも話題になっただけでなく、宮守の『ひとつの出版・文化界史話』によれば、他の出版社から、「この本がレマルクから正式に翻訳出版の許可をとったものでなく、こうした行為は、国際信義の上から見逃し得ない」という批判が出たという。

そして「板垣、井上のところに出版を打ち切るようにと連絡があり、またGHQもこの事実を知り、板垣書店の代表者に出頭するよう通告してきた」というのである。

この一文からは、批判した「他の出版社」とはどこなのか、打ち切るよう連絡してきたのはだれなのか、GHQに知らせたのはどこなのか明らかでない。

おそらく他の出版社がジェラシーから国際信義を言い立てて騒いだのではないだろう。当時の日本出版協会海外課が、GHQの口頭の指示によって動き、それに抵抗する板垣書店に出頭を命じたというのが真相と見て間違いないと思う。

すでに敗戦後、日本の出版物はすべて、内務省警保局にかわって、CCD（連合国軍総司令部民間検閲局）の検閲をパスしなければ、陽の目を見ることはできなくなっていた。『凱旋門』は、もちろん、検閲をパスしていた。またアメリカの著作物は、戦前は日米著作権条約で翻訳は相互自由であった。

そのために戦前は、「『青年の心理』と昭和初期の翻訳」で紹介したように、アーネスト・ヘミングウェイの『武器よさらば』やヴィッキー・バウムの『グランド・ホテル』など著名な作品は、アメリカで出版されるや時をおかず日本で翻訳出版された。マーガレット・ミッチェルの『風と共に去りぬ』、マージョリー＝キンナン＝ローリングスの『イヤリング』（『子鹿物語』）などは、日本では同年に複数訳刊行されている。

その条約が、両国間の戦争で無効になったとしたら、逆に無条約状態となる。アメリカは、自国の出版印刷業の利益のために、登録制を理由に世界的著作権条約ベルヌ条約にも加入していないのだから、その著作権も翻訳権も保護する必要はない。

レマルクは、ドイツ人だがナチによって国籍を剝奪され、亡命してアメリカの市民権を得ている。また、『凱旋門』はアメリカで出版された著作物である。

おそらく、『チボー家の人々』の翻訳権の契約交渉をしたり、東京外国語大学仏語科を出たあと、同盟通信社に入る前、サンフランシスコやロスアンゼルスの邦字新聞記者のアメリカ経験をもち、その間、パリのソルボンヌで学んだ井上勇が、ベルヌ条約や日米間の著作権事情を知らないはずがない。『凱旋門』は、翻訳権の許諾を得る必要はないと確信していたと思う。

いずれにせよ、板垣書店は、『凱旋門』がアメリカの著作物であることを理由に、翻訳自由として堂々と出版したことにまちがいない。無断翻訳などのそしりを受けるなど、翻訳した時点では予想もしていなかったのだろう。

板垣書店の事実上のオーナーである板垣武男は、再三のGHQの呼び出しにもかかわらず、翻訳者の井上勇と相談してそれに応じなかった。かわりに名目だけの社長の板垣夫人を差し向けた。そのGHQは、CIE（民間情報教育局）情報課だったと思われる。

宮守の『ひとつの出版・文化界史話』は次のように書いている。

板垣夫人が出頭したところ、「ご主人に来てもらいたい」ということになり、そこで板垣が出頭したが、「出版を停止しなければMPを向ける」と強硬に申し渡された。GHQのみならず、用紙割当も〝停止〟されかねまじき状態になったので、板垣はこれを絶版にしたが、これが契機となって外国書の翻訳にたいする関心が高まり、やがてGHQは、〝翻訳権落札制度〟を実施することになる。

……………………………………

まず指摘しておきたいのは、これが契機となって外国書の翻訳に対する関心が高まり、GHQが翻訳権落札制度を始めたのではない。このことについては、無断翻訳とも関わりがあるが、あとで触れたい。それよりも、板垣武男や井上勇は、MP（ミリタリ・ポリス）や紙の割り当て停止などを恐れて『凱旋門』を絶版にしただろうか。

たしかに、絶版にしたあと、板垣書店は、当初の『凱旋門』だけではなく、その後数年間、出版活動を続けている。だが、紙の割り当てや国際信義を気にして、絶版にしたのではないと私は推測している。もともと国際信義を理由に、翻訳出版を止めることは本来できるものではない。

板垣と井上は、ともに通信社の取締役である。呼びだされたことで、板垣も、それを聞いた井上も、この超法規的翻訳出版の停止要請が、占領政策と無関係でないことをいち早く知るか感じ取ったに違いない。

とくに井上勇の場合は、この占領政策の背景である世界情勢の変化を知っていたと思われる。敗戦まで同盟通信社の海外局次長兼外信部長であった。米ソ間で冷たい戦争が始まり、極東では、中国の国民党と共産党との内戦が激化していた。また、あまり知られていないが、井上勇は、日本の降伏の条件となったポツダム宣言受諾に大いに影響を与えたザカライアス放送の受信者であり、返信者でもあった。

ザカライアス放送というのは、アメリカ海軍情報部次長で知日派であったエリス・M・ザカライアス大佐（のち少将）が、戦時情報局に出向して、ドイツが無条件降伏をした翌日の昭和二十年五月八日から八月四日まで一四回にわたって日本向けに降伏を呼びかけた放送のことである。

その知日派のアメリカ海軍軍人の放送は、一貫して連合国が要求している無条件降伏が、軍事的抵抗の終止、軍隊の放棄を意味するものであって、日本国民の絶滅や奴隷化を意味するものではないことを、強調していた。

この放送は、サンフランシスコからは短波で、サイパンからは中波で送られてきた。初めは多くあった宣伝放送のひとつとして懐疑的に聞いていた日本側も、だんだん重要なものとして受け取るようになっていった。

日本側の関心事は、たしかに無条件降伏の内容であった。国体が護持されるか、天皇の身分はどうなるか、それが明らかにならないと本土決戦を叫ぶ軍部を抑えて、降伏することはできないと考えていた。そこでそのザカライアス放送に、無条件降伏の内容をもっと具体的に突っ込んで聞こうと短波放送で逆質問をしたのが、井上勇と稲垣一吉と大屋久寿雄の三人組であった。

井上は、それはあくまでも三人だけの私的な行為であるとし、放送するときも一新聞記者としての断りを入れた。ときには酒の勢いを借りて放送文を読み上げたこともあったり、相手を揶揄したこともあったりしたと韜晦《とうかい》しているが、あの時代、そのような個人的プレイは不可能であったと思う。

同盟通信社も国営通信社と言ってよく、稲垣は情報局第三部第一課長、大屋は同盟通信から出向した当時国営放送であったＮＨＫ職員。稲垣が上司である情報局第三部長井口貞夫（戦後駐米大使となる）にいちいち報告していたことは事実であり、ＮＨＫの短波放送設備を大屋が独断で使えるはずはない。

またザカライアス放送がアメリカ政府のオフィシャルなものであったことは、その内容が七月二十六日のポツダム宣言を補うものであったことからも確かであった。そしてザカライアス放送は七月二十八日の第一三回放送で、ポツダム宣言を受諾しても日本は主権をもつ存在として継続すると述べ降伏を促し、八月四日にさらに促して放送は終わる。

八月六日の広島原爆投下へのエクスキューズという見方もあろうが、これに関わった人たちは、それぞれ複雑な思いと傷を負ったであろう。ザカライアス放送をより理解し、ポツダム宣言を原爆投下、さらにソ連の参戦の前に受諾していたら、何十万の人や家屋が、その災禍からは救われたはずであったからである。

これらの経緯は、『昭和史の天皇3――本土決戦とポツダム宣言』に書かれている。井上勇は、この読売新聞の取材に、ザカライアス放送のことより、推理小説の完訳に先鞭をつけたことを評価してほしいと冗談を言っている。

そして井上は、ヴァン・ダインのペダンチズムを訳すのに骨が折れたとも語っている。井上の言うように、たしかに専門的蘊蓄に散りばめられたヴァン・ダインの翻訳は、難しい。

事実、井上勇は戦前戦後、数多くの翻訳をしているが、一番多くしているのは、推理小説である。東京創元社から出している推理小説の翻訳の数は、七〇点を超える。ヴァン・ダインのものは、昭和三十一年の『僧正殺人事件』『グリーン家殺人事件』を皮切りに、名探偵ファイロ・ヴァンスが活躍する一二点のすべてを翻訳している。

私は東京創元社がミステリーを始めるときから関わっていたが、ついに井上勇に会うことがなかった。『凱旋門』事件は、ずいぶんあとになって知った。話をじかに聞けなかったことが残念である。

レマルクの『凱旋門』が、先の『チボー家の人々』とおなじく、著作権を侵害しているという理由で、GHQの「著作権に対する指令の適用に関する覚書」の対象となって正式に発行禁止となったのは、昭和二十三年（一九四八）九月二十三日である。

だが、板垣夫人がCIEに呼ばれたり、MPを差し向けるなどと言われたりしたのは、その前なのか後なのか、不明である。このGHQ覚書の存在自体が、宮守の『ひとつの出版・文化界史話』には一切触れられていないからである。一冊のアメリカの本のGHQによる出版禁止の話に終わっているからである。

この井上勇については、『チボー家の人々』の翻訳権でも重要な役割を演じたにもかかわらず、あまり知られていない。その『チボー家の人々』の翻訳権交渉も含め、エーリッヒ・M・レマルクの『凱旋門』事件から東京創元社のミステリーの翻訳まで、昭和の翻訳出版史にその名をとどめるべき人だと思う。

3 「無断翻訳」の覚書と五十年フィクション

では、先のレマルクの『凱旋門』やデュ・ガールの『チボー家の人々』が著作権を侵害しているとして出版を差し止めた連合国軍総司令部（ＧＨＱ）の「著作権に対する指令の適用に関する覚書」とは、いったいどのようなものであったのだろうか。

当時の新聞は、次のような見出しで報じていた。

「無断翻訳書　売価の一割積立　著作権侵害に今後罰金と体刑」（『読売新聞』、昭和二十三年九月二十二日）

「悪質業者四十社をやり玉　出版界に無断粛正旋風　文部省で発行停止」（『世界日報』、昭和二十三年九月二十三日）

そして、「四十社」に含まれる「創元社、岩波書店、白水社、世界文学社、鎌倉書房、河出書房、平凡社、新潮社、東京堂、八雲書店、筑摩書房、小学館」計一二社の名を、両紙ともに挙げていた。それらは当時文芸書を出していた日本の代表的な出版社である。

GHQの「著作権に対する指令の適用に関する覚書」は、昭和二十三年八月三十日、九月九日、九月二十二日、十月二日と四度にわたって出されている。この覚書によって、翻訳出版を禁じられたのは、『凱旋門』や『チボー家の人々』を含めて、一三五点、複数訳を一点とすれば一一一点が、無断翻訳とされたのである。

当時の出版界に与えた影響は大きい。なかでも困惑をきわめたのは、先に新聞で悪質業者として挙げられた上位三社である。創元社は一五点、岩波書店は九点、白水社は八点、無断翻訳をしたとして出版を差し止められただけでなく、著作権侵害料として定価の一割の印税の支払いを求められた。

戦前から創元社は「創元選書」で、岩波書店は岩波文庫で、白水社はフランスを中心とした海外文学の出版で、当時の読書人の信頼が厚かった代表的三社が、著作権侵害を繰り返してきた出版社として、GHQの摘発を受けたのである。

いずれもCCD（連合国軍総司令部民間検閲局）の検閲は、パスしていた。果たして、これらの出版社は、ほんとうに「悪質業者」であったのか。その後、それが真実であったのかを含めて、後追いする報道は、いまに至るまで一度もされていない。

もっとも、一割の印税支払は、ＣＰＣ（ＧＨＱ民間財産管理局）への文部省の抗議を意味した意見書で、徴収されることはなかった。占領下の官僚の抵抗として、記しておくべきであろう。しかし、この覚書の目的は、そこにあったのではない。

私がタトル商会版権部に転職した昭和三十年初頭、「日本の出版社は、いままで海外の著作権をきちんと保護してきた」と話しに来た草野貞之の白水社の無断侵害とされた翻訳書から、その実態を探ってみる。

次は、その白水社の粛清されたタイトルに、著作者の国籍、それに死亡年もしくは原書の初版年、そして日本で初めて翻訳された発行年を書き記したものである。

❖マルタン・デュ・ガール著、山内義雄訳『チボー家の人々』
（仏）原書発行　一九二二〜一九四〇、翻訳年　一九三八〜一九五二
❖アナトール・フランス著、伊吹武彦訳『シルヴェストール・ボナールの罪』
（仏）原書発行　一八八一、初訳年　一九二二
川崎備寛訳、冬夏社、翻訳年　一九四〇
❖ポール・ヴァレリー著、中島健蔵・佐藤正彰共訳『ヴァリエテ』

（仏）原書発行　一九二四、翻訳年　一九三五
❖G・デュアメル著、木村太郎訳『深夜の告白』
（仏）原書発行　一九二〇、翻訳年　一九四二
❖アベル・ボナール著、大塚幸男・矢野常有共訳『友情論』
（仏）原書発行　一九二八、翻訳年　一九四〇
❖A・ジッド著、山内義雄訳『贋金づくり』
（仏）原書発行　一九二五、翻訳年　一九三五
❖R・M・リルケ著、大山定一訳『マルテの手記』
（独）原書発行　一九一〇、翻訳年　一九三九
❖J・ルナアル著、岸田国士訳『ルナアル日記』
（仏）一九一〇年没　死後公表、翻訳年　一九三五

『チボー家の人々』が、戦前、白水社の依頼で、井上勇の手によって契約が交わされたことは、すでに述べた。したがって著作権を侵害していない。しかし、契約書通り、印税を著作権者に送っていないが、これは占領下、GHQが海外への送金を禁じているためである。

ではほかの作品はどうか。ジッドの『贋金づくり』が翌年の一月一日から計算する歴年主義

でやられていないことに瑕疵《かし》があるが、そのほかの翻訳書はみな原書発行後一〇年経過して、翻訳出版されていることがわかる。国際著作権条約ベルヌ条約で認められている翻訳権十年留保で、一〇年以内に翻訳出版をした事実がないから翻訳権は消滅していて、これまた著作権侵害ではない。

それどころか、『ルナアル日記』の著者、J・ルナアルは、このGHQの覚書で著作権侵害とされた時点、死後三八年経過している。当時の日本の著作権法では、保護期間は著者の生存間と死後三〇年である。これは、ベルヌ条約ローマ改正規定によって国際的に認められている。とっくに著作権そのものが消滅している。

白水社以外のやり玉にあがった他の社のものも同じである。有名な『昆虫記』のジャン＝アンリ・C・ファーブルは、一九一五年死亡、またその頃は青年期に必ず読まれた『ヘンリー・ライクロフトの手記』のジョージ・ギッシングは一九〇三年に亡くなっている。著者の死後三〇年以上たっているのに、無断翻訳とされた。いずれも岩波書店で翻訳出版されていたものである。

『ニーチェ全集』のフリードリヒ・W・ニーチェも一九〇〇年、『ジェルミナール』のエミール・ゾラも一九〇二年にそれぞれ死んでいて、みな著作権が消滅している。ディルタイ（一九一一年没）、ポアンカレ（一九一二年没）、同じく然《しか》りで、著作権自体が消滅している。

そのほかこの覚書で著作権侵害とされたほとんどの翻訳書が、十年留保で翻訳権消滅で出版されたものである。ほとんどと言ったのは、私の知っている限り、一〇年以内に翻訳の許諾を受けて出版されたヴァン・デ・ヴェルデ『完全なる結婚』二点が含まれていること、さらに一〇年経過していないものが一、二点見受けられるからである。

さらに元来、翻訳相互自由のはずのアメリカの著作物、著作権条約に加盟していないため自由に翻訳ができるロシア（ソ連）のものも、無断翻訳としている。

ちなみに違反とされた翻訳書を国別に見ていくと、次のようになる。

フランス	四五点
イギリス	三五点
ドイツ	一三点
アメリカ	七点
ロシア	六点
オランダ	二点
イタリア	一点
オーストリア	一点
ノルウェー	一点

ＧＨＱは、その無断翻訳粛正の理由として、その前に出した覚書、金融取引や工業所有権・著作権のほか、連合国民・枢軸国民の財産保全についての覚書の違反だとしている。だが、昭和二十一年十一月一日付の工業所有権・著作権の覚書には、具体的な保護期間について、何も明記されてもいず、触れられてもいない。

敗戦後まもない時点、日本側（日本出版協会海外課）の担当者の問い合わせにＣＩＥ（民間情報教育局）情報課長ドン・ブラウンが口頭で答えた著作権の保護期間は、著者の死後五〇年、アメリカの著作物については発行後五六年であった。しかし、それはＧＨＱの担当官の意向として、口頭で伝えられたものに過ぎない。

日本にはベルヌ条約に基づいた著作権法があるし、日米間には明治の末期（一九〇六年）に結んだ日米著作権条約がある。占領下では、それらはすべて無視され、口頭のＧＨＱの考え方で処理しなければならないのか、日本の出版社は当惑をせざるを得なかった。

敗戦後の出版界は、翻訳出版については、白水社の侵害と見做された先のリストでも明らかなように、焼失を免れた戦前戦中の紙型《しけい》を利用した再出版が主なものであった。それらはすべて戦前戦中、正規な契約を結んで出版したものや、著作権消滅か十年留保で翻訳権消滅として自由に出したものでもあった。

だが先の著作権保護の覚書で、その保護が連合国国民すべてに及ぶとされたことで、いっそうGHQの言う基準が不明となった。ロシア（ソ連）は、ベルヌ条約に加入していないから翻訳自由である。またアメリカは、登録制をとっていて、その保護期間は登録後二八年、更新登録したもののみさらに二八年保護される。一律五六年ではない。それに元来日米間は、二国間条約で翻訳は自由とされていた。

ロシア（ソ連）に関しては、翻訳自由として同じく戦前のものの出版にプラスして新しい翻訳を出した。ソ連のほうも、自国の翻訳出版を少しでも多く出してもらおうと、資料を提供したりして促した。昭和二十四年には日ソ翻訳出版懇話会ができ、それ以降日本の出版社は、ソ連が万国著作権条約に加入するまで、一％の手数料をそこへ支払って翻訳出版をしたが、それはあくまで名目資料提供代で著作権料ではなかった。

問題はアメリカであった。二国間の条約は、戦争状態に入ったとき、消滅されるのが通常である。事実、敗戦の翌年の一九四六年一月、GHQのスポークスマンは、日米間の諸条約と同じく日米著作権条約も日米開戦時、無効になったと口頭で答えている。だとしたら、条約にある翻訳相互自由の項はなくなるが、一方、無条約であればソ連と同じく相互に著作物を保護しなくてもよいので、結果的に翻訳は自由にして構わないことになる。

それを主張して出版に踏み切ったのが、先のレマルクの『凱旋門』であり、無断翻訳として覚書に列記された他の六冊である。しかし、戦前、日米間翻訳相互自由で出されていた、ミッチェルの『風と共に去りぬ』、ヘミングウェイの『武器よさらば』、パール・バックの『大地』など、日本で人気のある作品は、様子をうかがって出版されることがなかった。

それにとどまらず、翻訳権消滅として企画し、なかには出版間際のものまで出せなくなった。その後は、アメリカの著作物は、発行後五六年、その他の国の著作は著者生存間および死後五〇年の保護で、翻訳権を取らされることになる。

いずれにせよ、戦前戦後、読者層の多かったフランスの著作物の翻訳ものが、一番、無断翻訳とされたのだが、この無断翻訳粛清は、フランスの著作をやり玉としたものだったのか。あるいは、著作権保護に欠ける日本人に警鐘を与えようとしたものであったのだろうか。どちらも、GHQの真意ではなかった。そのことについては、あとで触れたい。

のちにこの無断翻訳粛正は、「五十年フィクション」と呼ばれるようになる。たしかに条約からも、著作権法からも、保護の必要のない著作物を、翻訳権十年留保も認めず、保護の必要もない無条約国のものまで含め、著作者の死後五〇年（アメリカは発行後五六年）の保護としたのだから、フィクションとは、言い得て妙であると思う。

私は一九九二年（平成四）に発行された共著『著作権実務百科』（学陽書房）で、「翻訳」の項を担当した。そこで「五十年フィクション」に触れたのだが、編者の著作権法学者にその意味を問われた。やはり、昭和は遠くなったと改めて実感した。

4　岩崎徹太と回状十二号

岩崎書店創立者、岩崎徹太に私が初めて会ったのは、昭和三十六年である。児童向きの海外SFやエンターテインメントの紹介の依頼を受けたときであった。その頃の岩崎徹太は、のちに顎に伸ばすレーニン髭もなく、見るからに精悍な面持ちであったが、その話のなかでいまでも覚えている言葉がある。

「児童図書をやりだして、経営が成り立つようになった。それまでは苦労の連続でした」

衒いのない、率直な話をする人だと、そのとき私は思った。左翼系の社会科学出版社が、他のジャンルを始めるにあたってのエクスキューズや「志」など、一切話さなかった。

初めは岩波書店とおなじく、昭和七年、慶應大学前の社会科学書の古書店フタバ書房から出発し、発禁になった書や雑誌も売り、「発禁堂」と学生たちに言われたらしい。その翌々年に慶應書房と名前を改め、出版活動もするようになる。

主なものは、ソ連の著作の翻訳書と慶應大学のマルクス主義系統の教授の著作であった。伝え聞くところでは、慶應書房の左翼系著訳書は、検閲にかからないよう工夫し、戦前の左翼本にあった伏字無しで発禁にならないで済んだという。

だが、太平洋戦争のさなかの昭和十八年、反戦活動容疑と治安維持法違反で岩崎徹太は逮捕される。九カ月ほど拘置されるが、今後出版活動をしないという条件で釈放されたという。

敗戦後は、岩崎書店と名を変えて再発足するのだが、岩崎徹太は昭和二十三年一月、連合国軍総司令部（GHQ）による公職・要職追放G項パージを受ける。*注1 理由は、戦時中の出版物、加田哲二『日本戦争論』、木下半治『日本国家主義運動史』を出したことによるという。

岩崎は、戦中治安維持法で逮捕されたことを身の証とするのを潔しとせず、たとえ二冊であろうと、戦争に協力する本を出したことは事実として、異議を申し立てなかった。そして、追放令が解除される昭和二十五年まで、社長の職を弟の岩崎正一に譲って退いた。

岩崎徹太がやむなくソ連の図書を売り始めたところ、それをもGHQにより禁止されたという。それに対して岩崎は、あの占領下、なんどとなくCCD（連合国軍総司令部民間検閲局）に行って、占領軍であっても、言論出版の自由を守るべきだと抗議した。その態度は堂々として自然体であったと、当時そこに在籍し、のちに中央公論に移った藤田順子が述べている。

その時期は昭和二十三年（一九四八）から翌年の中頃までであったと藤田は記している。奇しくもその時期は、昭和二十三年八月から十月にかけて四回にわたって出されたGHQの「著作権に対する指令の適用に関する覚書」で、白水社のロジェ・マルタン・デュ・ガール『チボー家の人々』、板垣書店のエーリッヒ・M・レマルク『凱旋門』が著作権を侵害したという理由で、発行を禁止された時期と重なり合う。

岩崎徹太は、ソビエトの本の輸入禁止に関してだけで、GHQへの抗議を繰り返したのだろうか。その事情は、岩崎書店の当時の翻訳出版内容を見ていくと、自ずからわかってくる。昭和二十四、五年を境に、その内容は一変している。昭和二十二年にソ連の著作物を七点翻訳していたにもかかわらず、昭和二十三年はその翻訳は皆無となり、昭和二十四年になって、二二年に第一巻が出たきりで中絶していた「ミハイル・イリン選集」の続巻のみ、四点出すことができている。それは何を意味するのだろうか。

『凱旋門』の発売禁止のいきさつを書いた『ひとつの出版・文化界史話』に、GHQの無断粛正の覚書を記さなかった図書新聞記者宮守正雄も、その覚書は知っていながらその不当性だけを問題にした白水社社長草野貞之も、はたまた問題の本質を肌で感じGHQへ抗議を繰り返していた岩崎徹太も、これらのよってくる占領政策のもととなった文書をおそらく知らなかったのではないだろうか。

その文書とは、回状十二号である。その文書に触れている論文がある。その論文とは、『ジュリスト』（昭和二十九年十月一日号）に載った当時文部省著作権課課長補佐であった法貴次郎の論文「占領政策と外国著作権」である。

私もまた、平成六年の翻訳権十年留保の廃止問題が起き、その対応の資料集めをするまで、法貴論文も回状十二号も、その存在を全く知らなかった。また、不思議なことに、出版界でだれひとりそれに触れた者はいない。

法貴次郎は、戦前は三省堂に在職し、戦後、内務省警保局から文部省に著作権業務が移管されたとき、入省したという異色の経歴の官僚である。法貴次郎は、その「占領政策と外国著作権」で、まず次のように言っている。

〝日本政府と無縁に〟ということが民間情報教育局の方針であったから当然の帰結として、外国著作権の存否を劃する基準を示した日本政府宛の指令又は覚書等は存し得る余地が無い。要するに〝自由に使用又は利用し得る外国の著作物の範囲を定める一線〟が一般国民の前に客観化されていなかったのである。

……………………………

つまり、公式な文書として示されたのではなく、ＧＨＱの民間情報教育局の当局者、責任者の考え、先に紹介したＣＩＥ情報課長ドン・ブラウンが日本出版協会に伝えた外国著作物の保護の基準、著作者の生存間と死後五〇年、アメリカの場合は登録後五六年間の保護をもとに、無断粛正の覚書を出したというのである。

そして、その「戦時異常は総司令部回状第十二号から流れ出た結果」だと明らかにした。では回状十二号とはどんなものであったのか。私は、国会図書館でＣＩＥ資料からその文書にやっと辿りついたとき、それを読んで唖然としたものである。

回状十二号というのは、昭和二十一年十二月五日、連合国軍総司令部が出版物、映画、写真やニュースの輸入などに関して、他の連合国、つまり英仏ソ中などの日本駐在代表部に宛てた通達であった。

この回状を出した「目的」は、「米国を含む諸外国からの雑誌、図書、映画、ニュース或は写真、其の他弘報的媒体物の日本への輸入及日本におけるそれ等の普及に関する規定を公示するにある」としている。

本文三節と「四つの別紙」で成り立っているこの回状は、一応、占領目的に反しない限り許されるとしているが、一口でいえば、あらゆる海外のメディアは、営利目的であろうと、非営利目的であろうと、ＧＨＱの許可を得ない限り、日本への持ち込みを禁じたものと言ってよいだろう。そのなかには、翻訳権も含まれていた。

ポツダム宣言を受諾し、日本の民主化という錦の御旗を掲げられている以上、占領目的に反するものの持ち込みを禁止されても致し方がない面があった。だが、その内容を見ていくと、その目的は違うところにあることに気がつく。

たとえば映画の一年間に輸入上映できる本数は、その国が戦前のいずれかの一年間に輸入した最大量を超えてはならないとしている。ニュースの輸入、つまり通信社の活動にせよ、宣伝を目的とした公正でない競争で、通信を一方的に無償提供する配布を禁じるとしている。

前者でそれによってすぐ輸入上映ができなくなるのは、戦前の実績のないソ連の映画であることがわかる。ソ連の映画は、それ以前、『シベリア物語』『石の花』が上映され、その色彩の美しさなどで評判を呼んだが、それ以降、まったく日本では上映されなかった。

また後者の宣伝を目的とした通信社は、ソ連のタス通信社をおいて連合国にはない。さらにこの回状は、あらゆるところで、許可を得るために英訳の必要を条件とし、非営利的なものまでそれを拡げている。書籍の場合、日本語訳の前に、一冊分まるまるの英訳を必要とされたのである。

この回状が何を目的として出されたものか、連合国軍と言いながら実は米国占領軍であり、終戦後、ヨーロッパ、中国で共産主義国家が誕生したり、それをめぐる争いが起きていたことから言って、これはソ連からの影響をシャットアウトすることにあったことは、すぐ読み取れるものであった。

事実、先の岩崎徹太の場合、G項追放にあってソ連の書籍の輸入でしのごうとしたのだが、これによって完全にその道を閉ざされた。また、ソ連の著作物の翻訳のウエイトが大きかった岩崎書店は、経営にさえ影響を及ぼしただろう。

回状十二号によって、ソ連の翻訳出版がどのような破目に陥ったのか、日ソ翻訳出版懇話会の報告を見ると、よくわかる。当時のアンケートに回答を寄せた一七社（岩崎書店、岩波書店、河出書房、ナウカ社、日本評論社、白揚社、三笠書房など）だけの集計だが、次のようなものだった。

戦後翻訳出版した五八点のソ連の著作物は、すべて出版を継続できなくなっていること。また、刊行寸前の状態でありながら出版できないもの一七点を含めて、九六点が企画を中絶せざるを得なくなったという。

この回状十二号を作成したのも、CIE情報課長ドン・ブラウンだったという。[*注2] ドン・ブラウンは、のちにある時期、アメリカの学界から映画界に至るまであらゆる層に及んだ共産主義者狩りのマッカーシズムで、石垣綾子や『ニッポン日記』のマーク・ゲインやその他親共産主義者と勘ぐられた人たちとの付き合いを理由に職を奪われた。

結局その疑いは晴れたのだが、その彼の弁明の中に、回状十二号を策定し、ソ連の出版物や映画の日本への浸透を阻止したことがあるという。そのことからも、回状十二号の目的は明らかであろう。

だがその目的のために、ベルヌ条約に則って海外著作物を合法的に翻訳出版した日本の出版社を、無断翻訳をなしているとし、発売禁止や著作権侵害料の支払いを命じたのは、不条理ではないだろうか。その汚名の名誉回復はいまだになされていず、その時点、企画、進行中のものを含めて出版を取りやめた日本の出版社の損害は大きい。とくに革命以前の著作物のチェーホフまで粛正されたソ連ものの出版社の痛手は大きかった。

この「五十年フィクション」と呼ばれた超法規の無断翻訳粛正は、「翻訳は九九％までが条約を無視して原作者に無断で翻訳がなされている」という無断翻訳伝説を、事情を知らない社会にいっそう広めたことに間違いない。アメリカを著作権先進国と信じ、日本を著作思想の普及に遅れた国と思い込んでいた当時であっても、多少は抵抗すべきではなかったか。

私は、自著『翻訳権の戦後史』で初めて外務省仮訳の回状十二号を載せ、その詳細を知らせた。すると、法貴次郎がわざわざ私の事務所を訪ねてきた。法貴は、一九〇六年生まれであるからそのとき、九十歳を超えていたと思う。法貴は、開口一番、「よくやってくれた。君は、回状十二号を蘇えらせた」と言った。

私の後悔は、突然の見知らぬ人の来訪に驚き、占領下の著作権事情、文部省とGHQについて、生き証人である彼に何も聞かなかったことである。法貴は、その時点、矍鑠《かくしゃく》として、眼光さえ鋭かった。法貴こそ、あの占領下、GHQに抵抗した官僚の一人と見てよいだろう。

そのことは、ドン・ブラウンから外国著作物の保護の基準を伝えられたと推測される日本出版協会海外課の花島克己についても同じことがいえる。花島は、占領が終わると岩波書店に籍を移し渉外業務を任され、のちに日揮株式会社に転じた。岩波書店時代、仕事上の付き合いがあったが、五十年フィクションや占領下の翻訳事情を聞こうとしたときは、彼は病床にあり、まもなく死んだ。

だが、回状十二号の目的は、ソ連を排するためにだけあったのではない。次に述べる占領下の翻訳書の入札も、その政策のなかで行われたものであることは、ほとんど知られていない。

＊注1　G項パージ　占領政策の一環として、GHQは戦争犯罪人、職業軍人をはじめ、軍国主義者・国家主義者と見なした人物を公職から追放した。追放理由は、A項からG項まで七項に分類され、G項は「その他の軍国主義および極端な国家主義者」。

＊注2　ドン・ブラウン（一九〇五～一九八〇）　正式にはダニエル・ベックマン・ブラウンで、戦前は一〇年間も『ジャパン・アドバタイザー』の記者として日本に駐在し、帰国後はUPの記者になった知日派の元ジャーナリストである。戦時中はOWI（戦時情報局）で日本人向け宣伝ビラなどの対日心理作戦に携わっていた。

その彼が集めた日本や日本人に関する文献、約一万点の図書、約八〇〇タイトルの新聞・雑誌、約六〇〇件の文書は、「ドン・ブラウン・コレクション」として一九八一年に横浜開港資料館が譲り受け整備が進められている。ドン・ブラウンについては、その担当者中武香奈美の論文「占領期の翻訳権問題とブラウン」（『ＧＨＱ情報課長ドン・ブラウンとその時代』日本経済評論社、二〇〇九）を参照した。

5　占領下の競争入札と『ペスト』

日本の翻訳権史上最高の印税率は、信じられないかもしれないが、定価の三〇%を越すものであった。

著作者印税は、一〇%が普通である。翻訳の場合、翻訳者に印税や原稿料を払わなければならない。ここで言う翻訳権印税とは、加えて支払わなければならない海外の著作者への使用料のことである。

その最高印税率であったのは、元・駐日大使ジョセフ・グルーの『滞日十年』(毎日新聞社)の三六%、フランスの小説家アルベール・カミュの『ペスト』(創元社)の三五・六%、イギリスの元首相ウインストン・チャーチル『第二次大戦回顧録』(毎日新聞社)の三五%である。

いずれも敗戦後、連合国軍の占領下に出版された。そのうち『滞日十年』と『ペスト』は、民間情報教育局(CIE)が選考した図書の競争入札で契約された。いずれにせよ、異常な印税率の数字である。それが占領下の翻訳出版を象徴的に表すものであった。

先に紹介した回状十二号による五十年フィクションで、日本の翻訳出版界は、海外の新刊書籍はもちろん、著者の死後五〇年経過しないものまで出版できない閉塞状態だった。戦前に出た翻訳書の復刊、文芸書でいえば、モーパッサン、スタンダール、バルザック、トルストイなどの出版で我慢しなければならなかった。

そんな最中の昭和二十三年五月十九日、CIEは、条件次第で翻訳出版ができる海外新刊書籍一〇〇点の入札候補を発表した。内訳は米書七六点、英書二四点、のちに二点が著作権がクリアされずに外されたので九八点であった。

日本出版協会は、競争入札についてCIEが海外の著作権者と交渉をして翻訳可能にしてくれたことに感謝した。日本の出版社も、待ち望んでいた翻訳書の出版である。干天の慈雨として入札に殺到した。

この入札は、昭和二十五年十一月八日の落札日まで、一三回行われ、候補に挙げられた著作の合計八六四点（再度入札を引くと八二七点）のうち、合計四七四点が落札された。もっともすべてが翻訳出版されたわけではない。

入札に当たっては、著作権者より料率の希望があるもの、あるいは無条件の一部のものを除いて、最低使用料率は一万部まで五％、一万部以上一〇％と定められていた。競争のあるものは、二〇%から二五%までに加熱したにせよ、三五%の印税は比較にならないほど高い。

　アルベール・カミュの『ペスト』は、その第六回昭和二十四年三月の入札に付された。その頃には、海外の出版事情も伝わるようになってきていて、『ペスト』が世界的ベストセラーになっていることも、『嘔吐』のサルトルの実存主義と並んで不条理の文学として囃《はや》し立てられていることも伝わってきている。

　当然のこと、多くの出版社が入札に参加した。すでに第一回の入札で、グルーの『滞日十年』が三六%という高率で落札されている実績がある。創元社は、それを基準としなければならなかったのだろう。やむなく三万部まで三五・六%、それ以上三六・五%、前払金三万円、発行予定部数六万部、予定価二五〇円で落札せざるを得なかった。

　本当にやむなくの条件提示であった。実は、創元社は、それより前、駐日フランス代表部を通じて交渉し、ほぼ二〇%で契約が成立し、あとはGHQの

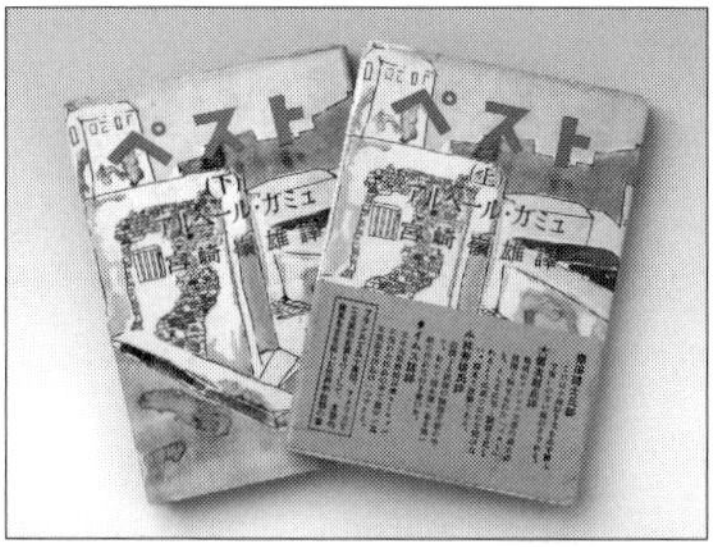

ペスト　上下（創元社、下は表紙）

承認を得るばかりであったところ、ＣＩＥの入札候補作品に入れられてしまったからである。

私はこの入札が、日本の出版界が感謝したＣＩＥの好意ではなく、アメリカの占領政策の一環である回状十二号（昭和二十一年十二月五日）によって行われたことを、『翻訳権の戦後史』で明らかにしたと思う。

回状十二号別紙二には次のように記されている。

（五）民間情報教育部は、占領の目的に副うと認めれば、当該図書の翻訳権、翻刻権に関する競争入札のために業者に提供するよう取計らう。図書を勧奨する団体は、最低価格及印税を要求し得るが、日本側の申込価格は競争入札により決定す可きものとする。最高附け値はその承認あるいは否認決定のため関係団体に伝達する。

……………………


回状十二号は、冷戦下、ソ連（ロシア）の影響を排除する目的だけではなかった。「占領の目的に副う」―（日本の民主化・アメリカナイゼイション）文化の普及を目的としたものであったことが、ここにも描かれている。早くもこの時点、競争入札を決めていたのである。

旧著作権法の著者の死後三〇年までの保護や、翻訳権十年留保を認めず、五十年フィクションというかすみ網をかけて統制し、翻訳出版はできなくする。そして、入札に依らざるを得ない状況をつくりだし、より多くのアメリカにとって好ましいと判断された著作物の翻訳を促したのである。

明治から昭和にかけて戦前、日本で翻訳出版された文芸ものの著者のベストテンは、次のようなものである。

1　トルストイ（ロシア）
2　チェーホフ（ロ）
3　ハーン（英→日本に帰化）
4　モーパッサン（仏）
5　ゲーテ（独）
6　ゴーリキー（ロ）
7　ポー（米）
8　ドストエフスキー（ロ）
9　ヘッセ（独）
10　ジッド（仏）

一一位にコナン・ドイルが入るが、いまの翻訳状況と違って、エンターテインメント的要素が少ないこと、ロシアに偏り、アメリカのものが少ないことがわかる。ただ、アメリカの小説は、昭和に入ってからしきりに翻訳されてはいたが、比較して数は少ない。

それらを一変した原因とはいえないが、せっかく決まりかけた『ペスト』まで競争入札に付されたにもかかわらず、これに選ばれたフランスの著作物は少なく、圧倒的に多かったのはアメリカのものであった。アメリカナイゼイションの一因は、ここにもあったといえないことはない。

なぜ三五％台の高率になったのかについてはあとで触れるが、当時の出版界でも、これらの契約に、非難が集中したことは容易に推測できる。『翻訳権の戦後史』を出したあと、寄贈者の一人から便箋数枚に及ぶ手紙をもらった。『ペスト』を出した、東京創元社の元会長秋山孝男からである。

それで知ったのだが、長いつき合いにもかかわらず、まさか秋山孝男がカミュの『ペスト』に関わりがあったとは思いも及ばなかった。昭和二十四年といえば、秋山は中堅編集者であったはずである。『ペスト』の活字に「はっと構える思い」だったと書いていた。

拙著を読み進んで「ほっとした」と述べているのは、『ペスト』の場合、フランス側との契約がまとまったのにもかかわらず、入札書籍に入れられたやむを得ない事情などを明らかにしていたからであるという。創元社は、この印税の負担を減らすため、編集長の宮崎嶺雄が社を休み、自宅で翻訳に専念したという。

秋山孝男は、私へ手紙をくれたのち、一年も経たずに亡くなった。占領が終わってまもない時期、国務省の招待で初めて一人で、アメリカの出版社を歴訪した書籍編集者の大先達であり、個人的にも数々の助力をいただいた。その手紙に滲み出ていた高率契約ゆえの非難に対して、長い沈黙を余儀なくされた無念さを、私も味わったものである。

そういえばこの占領下の『ペスト』の出版に関わった、もう一人の人物の名前を、その死後出された全集に収録されているエッセーから、探り当てた。還暦を過ぎてから処女作『吉原御免状』を『週刊新潮』に発表し、着想と文章の巧みさで時代小説に衝撃を与え、六年後、『花と火の帝』という後水尾天皇をテーマにした雄勁な構想の新聞連載を未完のまま死んだ隆慶一郎である。

本名池田一朗が東京大学仏文科を出て、小林秀雄の引きで創元社に入社したのは、昭和二十三年、それから三年間、契約交渉から出版まで翻訳ものを一人でこなしたという。まさしく、『ペスト』の時期に重なり合っている。

それを確かめることはできなかったが、池田一朗は奔放でスケールの大きな、枠にはまらない男であったと、創元社時代の上司秋山孝男から聞いた。私の推測だが、『ペスト』の三五・

六％の背景には、どうしてもこれを出したかった創元社の取締役編集顧問、小林秀雄の強い意思があり、池田がそれに添って動いたように思える。

この創元社は、創元社（大阪）の東京支社が昭和二十三年三月、別法人になった創元社（東京）で、現在の東京創元社である。第三者からは異様に思える同名の別法人になったことも、東京支社でもっぱら企画をしていた小林秀雄の支えがあっての上のような気がするし、翌年の『ペスト』の入札は、その独立の延長にあったと考えて不思議ではないだろう。

秋山孝男は、別法人になってから一〇年の間に二度も倒産したことに、本家には申し訳なかったと、後年、私に漏らしていた。次に触れる『滞日十年』『第二次大戦回顧録』の高率な契約の出版経緯からも、占領期の翻訳は、カミュの不条理がまかり通った時といえないことはない。

6　『翻訳騒動記』と『滞日十年』

占領下、カミュの『ペスト』のほかに、三五％台の高率の翻訳権使用料で契約されたものに、元・駐日大使グルーの『滞日十年』と元・英国首相チャーチルの『第二次大戦回顧録』がある。いずれも毎日新聞社が権利を取得し、新聞に掲載してのち、出版した。前者は先のＣＩＥによる競争入札で、後者は連合国軍総司令部が認可した翻訳権エージェント、ジョージ・トーマス・フォルスターの仲介で契約されている。

『滞日十年』は、昭和二十三年六月に初めて行われた第一回入札に付された九三点の著書の一冊であった。その落札印税率三六％は、当然、出版界を震撼させた。

それを担当した毎日新聞社の佐藤亮一は、出版社の会合に出てつるし上げられたという。佐藤は、自著『翻訳騒動記』でその辺を詳しく記している。

それによると、ある出版社の編集者が、用意してきた書面を読み上げて、競争入札の印税率

翻訳騒動記（政界往来社）

を釣り上げるのは、出版社の首を自ら締めるようなものだ。製作費、定価に影響を与えて、群小出版社の翻訳出版にチャンスを無くすものだと糾弾した。「大資本の横暴」とも言い、列席したほとんどの出版社がこの説を支持したというのである。

唯一、岩波書店の編集代表者が、その社が高い率を投じても採算が取れると判断してやったことだから、仕方ないじゃないか。損をすればその社が責任を負うのだから、他人はあれこれ言うべきではないと、言ってくれたと書いている。

佐藤亮一は、要するに「安い利率でわが社によこせ」というものだとして、次のように応酬したという。

「こちらが一切の責任を負うからいいではないか。社の方針でぜひ取りたいために高い一票を投じただけで、かれこれ言われる筋合いはない。版権使用料の率を低くできればそれに越したことはない。しかし競争をどうさばくのか。みんなできるだけ低くつけてくれ、こちらはそれよりちょっぴり高くするから教えてくれとも言えまい」

その通りかもしれないし、「大資本の横暴」という批判は、的外れであろう。それよりも、新聞掲載することをなによりも一義的目的とする大新聞社が、単行本の競争入札に加わる疑義を問題にすべきであった。

『滞日十年』の落札印税率のせいか、第二回の競争入札で、朝日新聞出版局は『ベーブ・ルース物語』に二七%もの印税率で落札している。大阪の文祥堂という出版社は『たのしい科学』という児童向き科学書に三五・五%もの高率で応札している。

この文祥堂は、二年後の第一三回の競争入札では、やはり啓蒙科学書の『虫の世界』を五・八%で落札している。そのことから言って、三六%が、その直後の競争入札に大きな影響を与えたことはまちがいない。

その高率な印税率は、前に取り上げた『ペスト』などの問題になった著作や、ベストセラーの類いだけでなく、部数を見込めない一般書の落札条件にも影を落としたことは事実であろう。「安い利率でわが社によこせ」と言っているのでなく、その後のことを危惧しての発言である。ただ、第一回の平均落札印税率を調べていくと一五%で、二〇%を越すものはそれほど数多くはない。九一点の落札点数のうち、その後、版を重ねたトインビーの『歴史の研究』の二五・二%やベネディクトの『菊と刀』の二三・二%など数点に過ぎない。

もともとGHQは、この競争入札にあたっては、著作権者より料率の希望のあるもの、あるいは無条件の一部のものを除いて、最低使用率は一万部まで五%、それ以上一〇%と定めていた。GHQ自体、日本の民主化・アメリカナイゼイションを目的としたのだから、日本側の負担が少なく、入札図書が多く落札されることを望んだはずである。

佐藤亮一は、『翻訳騒動記』では一言も触れていないが、なぜ第一回の入札で三六％という突出した応札をしたのだろうか。

佐藤の本を読んでいくと、興味深い数字がその中にある。ウインストン・チャーチル『第二次大戦回顧録』全六巻（一九四八～一九五三）の契約条件である。

アメリカ大統領ルーズベルト、ソ連書記長スターリンと並んで、戦中イギリスの首相として戦ったチャーチルの『第二次大戦回顧録』は、発行される前から世界中で評判になっていた。彼の戦後まもなくの「鉄のカーテン」演説から、二つの陣営の冷たい戦争を世界が実感し始めたときの刊行である。

佐藤はこれは入札ではなく、激しい争奪合戦の末、毎日新聞社が昭和二十三年に取得したという。おそらく、新聞掲載をめぐっては、大手新聞社間の争いがあったのではないか。そして、翌年の昭和二十四年五月から七年かけて翻訳出版（日本語版は二四巻）したと書いている。

その『第二次大戦回顧録』の印税率は、奇しくも三五％であった。第一巻の扉裏を見ると、「一九四八年　ジョージ・トーマス・フォルスター氏との協定により日本における版権は毎日新聞社所有」とある。

『滞日十年』は毎日新聞出版局長の石川欣一が、『第二次大戦回顧録』は毎日新聞社の英語ができる記者を総動員してできた「翻訳委員会」が翻訳した。『滞日十年』は落札した年の昭和二十三年十一月に上巻、十二月に下巻を刊行、『第二次大戦回顧録』は翌年の五月に第一巻が刊行されている。

一見すると、高率の印税をカバーするために社内で翻訳を行った。まず、『滞日十年』を契約して出版し、ついで『第二次大戦回顧録』に手を付けた。だが、三六％ののちに三五％という印税率や、当時の翻訳出版事情からうなずけない点が二、三ある。

ＧＨＱは、海外の出版社に、彼らの許可を得ないで、日本側と直接契約をしてはいけないと

滞日十年（毎日新聞社）
上：外函
中：上下巻
下：扉

した。また、海外への送金も、ビジネスに関する書簡も、禁じた。さらに前に触れたように、著者の死後五〇年を経ない翻訳出版を著作権侵害として発行を差し止めた。

日本の出版社が競争入札だけでなく、海外の著作者とじかに契約して翻訳出版できるようになったのは、昭和二十四年四月四日に出されたGHQの覚書からである。直接の取引ができるようになったからといって、煩瑣な送金や許可の手続きの問題があるので、多くはGHQが認可した外国人エージェントと契約することを選んだ。

GHQは、それより前の昭和二十四年三月十八日、それぞれの国の代表部が推薦した人間に仲介業務を許可した。フランスはフランス通信社の記者レオン・プルー、イギリスは英国映画協会日本代表ルイス・ブッシュ、アメリカはNBC特派員ジョージ・トーマス・フォルスターである。

もし『翻訳騒動記』の記述と「扉裏表記」が正しいとするならば、フォルスターは、仲介業務の許可を受ける前の、昭和二十三年からその活動を始めていたことになる。ではチャーチルの『第二次大戦回顧録』はいつ契約されたのか。第一回入札の前なのか、後なのか。英米での出版慣行から言うと、それが大きな著作物であればあるほど、刊行前になされるのが普通である。

おそらく、フォルスターのその後の活動から、いち早く日本での権利仲介の一任を取りつけ、原書の出版前に多くの新聞社、出版社などに働きかけ、競争させたと見てまちがいない。さらにそこから類推すると、『第二次大戦回顧録』は第一回入札前に毎日新聞社と契約されるか、条件交渉は終わっていたのではないか。

入札に付されたグルー元駐日大使の『滞日十年』も他の新聞社や出版社が競争相手として現れることを予想した。しかも『第二次大戦回顧録』の契約条件は、そのいきさつから言って、ライバル社に知られている可能性がある。

それが印税率三五％より一％高い条件の落札となった一因ではないだろうか。逆は、常識的には考えられない。三六％には、そうなるだけの前提があり、その仕掛け人がいたと見る方が妥当であろう。

仕掛け人は、『第二次大戦回顧録』の全世界の権利を持ったエミリー・リーヴスか、エージェントのフォルスターだったかはわからない。つまり、権利者の強い姿勢でそうなったのか、エージェントの吊り上げによるものなのか、それは不明である。

面白いことに、そのエミリー・リーヴスの『平和の解剖』が、第二回の競争入札に付されており、毎日新聞が二〇％で落札していること。しかも、これは訳者の持ち込みで、佐藤亮一の前記の著書『翻訳騒動記』によれば、「予めＣＩＥに私が了解を得ていた」とある。

連合国軍の占領下のことである。『滞日十年』と『第二次大戦回顧録』が高率な印税になったことには、一般の出版社の知ることのできない経緯があったのであろう。いずれにせよ、それはあきらかにその後の翻訳出版契約に影響を与えた。

当時の翻訳書の奥付の多くには、検印紙にG. T. Folsterというゴム印が捺され、「日本語版版権ジョージ・トーマス・フォルスター氏所有」とか、あるいは「版権所有者ジョージ・トーマス・フォルスター氏の許可により日本語版発行」とか、それに類する言葉が印刷されていた。占領下、GHQの許可を得て翻訳出版された点数の合計は、五四四〇余点に及び、そのうち三二二〇余点がアメリカのものであったという。そのアメリカものは、競争入札やごく少数の直接契約を除いて、フォルスターと契約して出版された。

ずいぶん昔になるが、その占領下、翻訳出版を手がけた編集者の体験談を聞きに歩いたことがある。中小出版社の場合は倒産などがあって、会った人のほとんどが大手出版社の人であった。意外なことに、それらの人々の多くは、佐藤亮一と同じく、フォルスターに悪感情をもっていなかった。

ひとつには、入札ではなしえなかった翻訳出版がフォルスターとの契約により陽の目を見ることができたこと、外貨送金できなかった状況では高い条件であっても円で契約ができた利点があったこと、さらには支払いの厳しさも契約の忠実な履行に日本側が欠けていた面があったから当然とすることなどが、その理由であった。

だが、海外の著作権者とフォルスターとの契約は、外貨払いで売り上げ部数払いの印税。

フォルスターと日本の出版社との契約は、円払いの印刷部数払いの印税で高率な使用料。しかも検印後一カ月か、検印と引き替えで印刷部数払い。中小零細な出版社は苦しんだことは推察できる。

昭和二十六年から二十七年にかけて、ベティ・マクドナルドの『卵と私』(竜口直太郎訳、雄鶏社)がベストセラーになったことがある。それを出した編集者で、雑誌『映画ストーリー』の編集長であった高木章は、三〇%に近い翻訳権使用料ゆえに、出せば出すほど赤字だったと、私にこぼしていた。

『映画ストーリー』といえば、高木のもとで働いた編集者に向田邦子がいた。向田からスキーで怪我した話は聞いたが、その頃の私は、彼女がのちに作家となり、直木賞を取るなど夢にも考えなかった。彼女の勤めた雄鶏社も二〇〇九年に倒産した。またこの競争入札に応札し、かつ占領下、翻訳ものに活路を求めた中小出版社の多くは、平和条約の前後、倒産して消えてなくなっている。

その理由に、GHQ経済顧問ジョゼフ・ドッジが行った財政金融引き締め政策や出版物を一括配本していた日本出版配給株式会社いわゆる日配の解散を挙げることもできる。だが、五十年フィクションで契約する必要もない著作を、高率で契約させられた当時の翻訳事情によるものも、少なからずあったというのが、私の感想である。

第三章

平和条約のペナルティと混乱

1　戻ってきた『風と共に散りぬ』

平成十年、インドのニューデリーで開催された国際児童図書評議会第二六回大会で、美智子皇后は、基調講演で「子供の本を通しての平和――子供時代の読書の思い出」を話された。そのなかで疎開中に手にされた思い出深い本として、「日本少国民文庫」を取り上げている。

美智子皇后は、その文庫の『世界名作選』二冊に収録されたワイルドの「幸福の王子」、チャペックの「郵便配達の話」、ロマン・ロラン、マーク・トウエン（トウェイン）などを列挙し、戦意高揚を旨とした戦時中にも変わらず、ケストナーの詩「絶望」やソログープの「身体検査」などの哀歓こもるものをも収めたこの文庫から読書の素晴らしさ、平和の尊さを知ったことを話された。

この「日本少国民文庫」は、山本有三が子ども向けの教養書シリーズとして編纂したもので、新潮社より昭和十年から十二年にかけて出版された。疎開中の美智子皇后が読んだのは、昭和十七年に出た改訂版だという。その後も出版は続けられていたようすだが、さすがにこの基調講演のときは、絶版になっていた。

当然のこと、復刊の希望が多く寄せられたので、新潮社は、かつての内容のままでの出版を企画した。そこで問題になったのは、何十年も前の本のこと、内外の著作権だった。私に調査の依頼があったのは、その海外の部分であった。『世界名作選』（一）は一四本、（二）は一九本、海外の小説や詩が収録されていた。

戦前の出版界の無断翻訳の汚名をさんざん聞かされ、それに反論をしてきた身ではあっても、内心その調査にはもしやという思いもあった。だが、ひとつを除いて、著作権が切れたものや、翻訳権十年留保で翻訳自由のものばかりであった。

そのひとつは、エーリッヒ・ケストナーの『点子ちゃんとアントン』であった。この作品は、『世界名作選』（一）の半分を占めるもので、しかもこの収録時（一九三六）には、原書発行（一九三二）後一〇年を経ていず、翻訳権は消滅していなかった。

だがすぐ、ケストナーと親しかった翻訳者のドイツ文学者高橋健二が、許諾を得て翻訳したことが判明した。当時は、海外の翻訳権の交渉は、訳者がしていたことからも確かな情報だった。やはり、戦前の昭和十年代は、戦時色濃厚の時代であっても、日本の出版社はキチンと海外の著作権を保護していたことはこれからも証明されたわけである。

その時点で翻訳出版の許諾を受けて出版している事実があれば、ケストナーの死後五〇年、つまり二〇二四年まで著作権が存続することになる。新潮社は、すぐさまドイツの出版社とこの版についての翻訳出版の契約をした。

その調査のさなか、担当した新潮社の出版部長横山正治から思いもかけない人物の連絡先を知らないかと尋ねられた。『世界名作選』（二）に収録されているアン・モロー・リンドバーグの「日本紀行」の翻訳者、深沢正策である。

アン・モロー・リンドバーグは、初めて大西洋横断飛行に成功し、『翼よ、あれがパリの灯だ』を書いたアメリカの英雄、チャールズ・リンドバーグの夫人である。戦後、アメリカでベストセラーになった『海からの贈り物』の著者でもあるし、日本でも彼女の著作は、戦後、ずいぶん翻訳出版されている。

その後の新潮社の調査で、深沢正策自身は昭和四十七年に死亡していることが判明したが、最後の著作になった昭和二十七年の『マゼラン――航海王』の出版社ポプラ社から、彼の著作権継承者は知ることができたという。だが私にとっては、「深沢正策」の名は平和条約発効後の翻訳出版のさまざまを甦らせるものであった。

平和条約が発効したのは昭和二十七年四月二十八日、先に紹介した五十年フィクションで苦しんだ日本の出版社は、その日をどれほど待ち望んだかわからない。だが一方、占領下の五十年フィクションという疑似法制がその後の翻訳出版にどのような影響をもたらすのかという杞憂があった。

そのさなかの昭和二十八年、マーガレット・ミッチェルの『風と共に散りぬ』が翻訳出版された。出版社は創芸社だが、翻訳者は深沢正策（一八八九〜一九七二）であったのである。すでにおなじ著書の大久保康雄（一九〇五〜一九八七）訳の『風と共に去りぬ』は、占領下の昭和二十四年、三笠書房がＧＨＱの許可を受け、著者ミッチェルの遺産相続人と契約を結んで出版していた。

『風と共に去りぬ』は、一九三六年にアメリカで出版されるやたちまちベストセラーになり、一九三九年には、主演ヴィヴィアン・リーとクラーク・ゲーブルで映画化された。日本で映画が公開されたのは、一九四〇年に外国映画の輸入が禁止され、その後太平洋戦争が始まったため、平和条約が発効してまもなくの昭和二十七年九月であった。

私は初め、その深沢正策訳を映画上映に便乗した翻訳出版であると思った。ただ長編の『風と共に去りぬ』の翻訳を、すでに大久保康雄訳があるのに、あえて進めたことに奇異な感じを覚えたと記憶している。

実は知らなかったのだが、この深沢正策訳は、大久保康雄訳とともに、すでに戦前、原作が出て二年後の昭和十三年に出版されていたものであった。大久保訳は出版社に変わりなく三笠書房であったが、深沢訳は第一書房から『風と共に去る』というタイトルで出版されていた。アメリカで出版されたばかりの著書が、二つの出版社から翻訳出版できたのは、明治の末期に結ばれた日米著作権条約で、翻訳は相互自由と定めていたからである。そのため多くのアメリカ作品が翻訳されただけでなく、戦前は、評判の高い作品は、『風と共に去りぬ』のほか、ヴィッキー・バウムの『グランド・ホテル』のように複数訳までされていたのである。

五十年フィクションで三笠書房が翻訳出版契約を結んで出していた占領下では、深沢訳は陽の目を見ることはできなかった。それが、再登場したのである。私などそもそも二つの訳があったことを知らない戦後派の編集者はとにかく、戦前を知っている出版人は、名実ともに連合国軍の占領が終わった証拠のように受け取ったに違いない。

大久保康雄訳を出した三笠書房は、昭和八年に創立されてからは、先の大久保康雄によるヒットラーの『マイン・カンプ』(『わが闘争』)をいち早く昭和十二年に翻訳出版しているが、「唯物論全書」「現代ソヴェト文学全集」など左翼系の出版物を出す一方、「ドストエフスキイ全集」や「ヘルマン・ヘッセ全集」「ロレンス全集」などの翻訳ものに力を入れた出版社であった。

その他、「アメリカ小説集」などでシンクレア・ルイス、シャーウッド・アンダースン、ジョン・スタインベックなど社会性のあるアメリカ文学の紹介に努めた。その路線の中に『風と共に去りぬ』があった。もちろん、それを可能にしたのは、先にも言った日米著作権条約による翻訳相互自由であったからである。

　また、トーマス・マンの『マリオと魔術師』で例にとると、原書発行（一九三〇）後一〇年経った一九四一年に翻訳出版するなど、著作権には常に気を配っていた。創業者竹内道之助が、独学で英独仏の三カ国語を学び、自身も翻訳したほどの人物であったせいもあろう。戦後も竹内は、NHKの朝ドラ「花子とアン」の村岡花子訳の『赤毛のアン』や、A・J・クローニンのほぼ全作品など、翻訳ものを引き続き出していた。

　一方、第一書房は、「岩波茂雄と『ユリシーズ』翻訳合戦」（第一章の3）の項で触れたように、ジェイムズ・ジョイスの『ユリシーズ』では、著作権侵害をし、ペナルティを支払わされている。もっとも、それを負担したのは、訳者印税を減らされた伊藤整たちではあった。

　だが戦前、第一書房は、海外文化の紹介には力を入れた出版社である。なかでものちに、『中央公論』『改造』『文藝春秋』『日本評論』（当初は『経済往来』）の四大総合雑誌と並ぶまでになる『セルパン』では、それが顕著であった。

　月刊誌『セルパン』が出たのは、昭和五年。「タバコは煙、知識は残る。バット買おうかセルパンか」の奇抜なキャッチフレーズの広告をしての発刊であった。この広告は、社主である長谷川巳之吉が作成したものだが、『風と共に去りぬ』の深沢正策訳については、『セルパン』で「かつてアメリカ南部に長く滞在され、特に南部黒人の俗語に関しては他の追随を許さない大家」と宣伝している。

『セルパン』が大きく成長するのは、昭和九年、春山行夫が編集長になってからである。他の総合誌のように美濃部亮吉をはじめとする論壇から文壇までの大物の論文を載せるほか、海外の新聞、雑誌の主要な記事を政治から文化まで広範囲にいち早く翻訳して紹介した。そればかりか、エドガー・スノーなど海外ジャーナリストの論文を数多く掲載した。

『ユリシーズ』の例からも、その他の翻訳ものからも、翻訳権をクリアして掲載したかという疑問は残る。だが、その海外事情の紹介は、洋画の新作にいたるまで幅広かった『セルパン』は、当時の知識人に歓迎されたことはまちがいない。春山行夫のエンサイクロペディストとしての教養がいかんなく発揮された雑誌であった。

その春山が出版部長も兼ねてからは、第一書房は翻訳出版にも力を注いだ。もっともそれまでは、アンドレ・ジッドやアナトール・フランスなどヨーロッパのものが多く、アメリカのものは、春山が企画した一〇〇万部のベストセラーになった『大地』のパール・バックの主要作品と『風と共に散りぬ』のほかはない。その『大地』は新居格が訳しているが、他のパール・バックの作品は、深沢正策が翻訳している。

第一書房の社主長谷川巳之吉は、「反骨の出版人」とも言われた。事実、久米正雄の小説『破船』で、友人を裏切って夏目漱石の娘と結婚したとされ孤立していた松岡譲に手を差しのべ、その作品『法城を護る人々』を創業の処女出版とし、ベストセラーにしたほか、不遇の新人の発掘に努めた。阿部知二の代表作『冬の宿』も第一書房から初めて出た。また、「本作りの名人」と言われたほど、多くの豪華本を世に送り出している。

その長谷川は、昭和十九年二月、突如出版の廃業を宣言し、一切の権利を講談社に譲渡してしまった。彼はかねがね「創業者が出版業に向いていようとも、息子がそうだとは限らない。出版というような事業は、気概のある人間でないとやっていけるわけがない」と出版は一代と言っていたが、それを実行に移したのである。五〇歳であった。

もっともその時点、当局の命で出版社は統廃合させられ、二〇三社にまで減った。長谷川は、当局公認の残存社になるのを好まなかったこと、また、思うような「本作り」ができない戦時下の出版に嫌気がさしていたにちがいない。

しかし、戦後になっても、彼は再び、出版社を起こそうとはしなかった。と同時に深沢正策訳のマーガレット・ミッチェル『風と共に散りぬ』は、版元を失ったことになる。

だが、長谷川巳之吉は、出版社を再興しても、五十年フィクションというかすみ網のもとで、翻訳権を取ってまで『風と共に散りぬ』を復刊させたかどうか疑問である。彼にはもともと、翻訳権を独占して出版するという視点が、なかったと思われるからだ。

だが私たちを驚かせたのは、戦後八年を経て陽の目を見た、深沢正策訳『風と共に散りぬ』

が、一年も経たずにまた消えていったことである。そこに、平和条約発効後の翻訳出版のペナルティと混乱が集約されていると思う。

2　『陽のあたる場所』と『ジェニーの肖像』

私が翻訳出版に携わったのは、昭和二十七年九月、早川書房に入社してからである。遡って、その四月二十八日、サンフランシスコ平和条約が発効した。日本が占領の軛《くびき》から自由になってわずか四カ月しか経っていない時期である。

当時の私は、占領下の翻訳出版事情も、著作権についても、なにも知らない無知な二三歳の若ものであった。いまから考えると、そのとき関わった翻訳出版には、権利関係で悔まれることが多い。

入社してすぐの仕事は、大量に返本された翻訳書の整理と、営業部に連れられて日比谷の日活国際会館にあったフォルスター事務所に行くことであった。NBC特派員ジョージ・トーマス・フォルスターは、GHQのお墨付きをもらって、占領下からアメリカの翻訳権を一手に扱っていた。その事務所のドアを叩くことは、当時翻訳出版に関わる編集者にとっては、洗礼ともいうべきものであったに違いない。

フォルスター事務所での役目は、そこの事務員の女性の前で、営業部が検印紙にG・T・Fと刻まれたゴム印を押すのを見守るというものだった。フォルスター事務所の質問に対応するのが私の仕事だったが、占領下に経験した上から目線が残る雰囲気は、嫌なものだった。

そういう私に、翻訳出版の手ほどきをしてくれたのは、『悲劇喜劇』編集長遠藤慎吾である。のちに共立女子大学教授に転職する遠藤は、スイスの演劇学校を出ただけあって、ドイツ語だけでなく、英語も堪能であった。すでに映画化され日本でも上映された原作、グレアム・グリーンの『第三の男』を翻訳して早川書房から出していた。

当時の遠藤慎吾は、戦前、ヒットラーの演説集を翻訳したり、大政翼賛会の演劇部門に協力したこともあって、その戦争責任を問われ、復活した新劇の世界の蚊帳の外に置かれていた。その鬱屈した分、「悲劇喜劇戯曲研究会」を主宰して劇作家小幡欣治や早坂久子を世に送り出す一方、編集部の私たちへの助言に力を注いだのだと思う。

私は、その遠藤慎吾に翻訳権十年留保やサンフランシスコ平和条約による戦時期間加算を、以下のように教えてもらった。翻訳権は一〇年以内に翻訳されていないものは、権利が消滅する。連合国民の翻訳権には、その一〇年にさらに戦時期間一〇年一〇カ月二〇日を加えなければならない。

だが、いまから考えると、著作権法（旧法）をあたったわけでなく、入社少し前の八月に施行された「連合国及び連合国民の著作権の特例に関する法律」を読んだわけでもない。まして昭和二十八年十一月、平和条約によって定められた日米間の著作権保護について「日米交換公文」がなされ、戦前の翻訳自由の日米著作権条約の解消、平和条約による内国民待遇の確認をしたことなど、全く気にもしなかったといってよい。

その理解不足は、私たちだけでなく、とくにアメリカの著作物の扱いについての誤解は、出版界全体の問題であったと、のちに知ることとなる。前章で触れた『風と共に去りぬ』と『風と共に散りぬ』が出版されたのに、むしろＧＨＱの統制が無くなったとして、開放感をもって迎えたのはそのせいでもある。

平和条約を前にした出版界の懸念は、次の三点であった。

1　翻訳権十年留保が認められず、死後五〇年の保護を強いられた占領下の現状から、当時の著作権法に定められている死後三〇年の保護期間と翻訳権十年留保に回復するだろうか。

2　占領下認められなかった戦前の翻訳相互自由を定めていた日米著作権条約は、復活するのだろうか。復活しなかった場合でも、翻訳自由を謳った新しい条約が結ばれるのだろうか。

3　著作権法の回復と日米間翻訳自由の復活を希望する一方、占領下の五十年フィクションで契約し、高額な前払い印税を支払わされた契約は、今後も有効で独占できるのか。

4　占領下施行された、唯一著作権に関するポツダム政令は有効か。ポツダム政令のもと、海外の権利者に譲渡された翻訳者の権利は、戻ってくるのか。

私は、それらのことはなにも知らずに、言われるままに翻訳出版に取り組んだ。私が直面した早川書房の課題は、占領下、大量の返本をもたらした「世界傑作探偵小説シリーズ」を、どう甦らせるかであった。

それが「ポケット・ミステリ」発刊になったことは、拙著『新編戦後翻訳風雲録』に記載したが、それより先、そのシリーズをはじめ単行本で出版されていたグレアム・グリーンの著作を、選集としてまとめて再発行した。私は、そのグリーン選集やポケミスその他の翻訳権取得の作業にもっぱら携わった。

話は私の入社前に遡る。早川書房は、昭和二十四年、セオドア・ドライサー『アメリカの悲劇』がアメリカでモンゴメリー・クリフト、エリザベス・テーラー主演で再映画化が決まると、さっそく翻訳出版契約を取り交わして刊行していた。入社した前後、日本でも『陽のあたる場所』と名を変え封切りされている。それが「早川書房の悲劇」を呼び起こし、社内事情まで一変して、結果的に私の入社となったとは、知る由もなかった。

『アメリカの悲劇』は、アメリカで一九二五年、ボニー・アンド・リブライト社から出版され、一九三〇年（昭和五）、日本でも翻訳されている。戦前は、日米著作権条約で翻訳権を取る必要はなかったのだが、早川書房の場合、占領下の五十年フィクションで、フォルスター事務所と契約して出版せざるを得なかった。

しかし、アメリカでの人気から、日本でも上映してのヒットはまちがいなしとされ、当然、翻訳も売れることが期待された。そこに集中排除法で解散となった日本出版配給株式会社（日配）の代わりに、創立された取次会社のひとつ、東京出版販売株式会社（東販、現・トーハン）が目をつけたという。

大手雑誌社をバックとする東販は、雑誌の販売ルートは抑えていたが、当初は書籍流通に関しては、おなじ頃に

アメリカの悲劇　上下（早川書房）

創立された日本出版販売株式会社（日販）に後れを取っていた。そこで『アメリカの悲劇』を独占して扱い、日販系の書店に取引を拡大させようとした。

早川書房も渡りに船とそれを受け入れ、映画の題名とおなじく、『陽のあたる場所』として大部数、一〇万部内外刷った。東販（トーハン）は、日販系書店に働きかけるだけでなく、雑誌販売の感覚で田舎の雑貨店まで配本したというのが、遠藤慎吾の話だった。

結果的に返本の山となり、そのため早川書房は経営が行き詰まり、早川清は社長を退き、いっとき発行人から身を退かざるを得なくなった。東販も関わった役員が解任されたという。

問題はそれだけでなく、フォルスター事務所へ支払わなければならない『アメリカの悲劇』の未払い翻訳権印税があった。本書第二章「占領下の超法規の時代」で述べたように、日本の出版社は、回状十二号で、海外の権利者と直接に交渉して契約することを禁じられたし、送金も不可能だった。

その結果、フォルスター事務所が日本語版著作権所有者となり、日本の出版社は彼と契約を取り交わして翻訳出版をすることになる。しかもその印税は、印刷部数による。『アメリカの悲劇』の場合、その刷り過ぎから高額の負担になったのは当然なことである。

一方、『アメリカの悲劇』は、占領下に結んだ契約が有効としても、平和条約の内国民待遇*注による翻訳権十年留保を適用すれば、初版発行後一〇年を経過しているので翻訳権は消滅している。翻訳権印税は支払わなくてもよい理屈もありうる。どう話し合ったのか、私の入社以前のことで知る由もなかったが、それが私のフォルスター事務所へ営業部に随行する理由のひとつだった様子だ。

グレアム・グリーンなどイギリス著作物の翻訳権は、それを代理するブリティッシュ・リテラリー・センターと交渉したが、アメリカの新刊の翻訳権については、フォルスター事務所が代理するものをのぞいて、タトル商会著作権部に申し込んだのもそのためである。

いずれにせよ、ポケミスに収録する米英仏の著作は、できる限り翻訳権の消滅したものが選ばれた。またポケミスの棚ぞろえと資金繰りのために、映画化作品を主として始めた「ポケット・ブックス」にも、その方針が貫かれた。

その中で、私は大きなミスをしている。のちにイアン・フレミングの「007シリーズ」、エド・マクベインの「87分署シリーズ」を訳す井上一夫（一九二三〜二〇〇三）が持ち込んだロバート・ネーサンの『ジェニーの肖像』（一九四〇）の翻訳原稿の扱いについてである。当時、井上一夫は、雄鶏社の編集者であったが、清水俊二が彼の下訳者として紹介したことから知り合った。

『ジェニーの肖像』は昭和二十五年（一九五〇）、すでに鎌倉書房から山室静訳（『ジェニィの肖像』）で出版されている。だが、井上は翻訳権が消滅しているから、早川書房からも出せると

ジェニイの肖像（鎌倉書房）

言うのであった。遠藤慎吾に相談すると、翻訳権を取って出版した鎌倉書房に断りを入れるようアドバイスを受けた。

雑誌『ドレスメーキング』を出していた鎌倉書房は、その頃早川書房とおなじ神田多町にあったから、ご近所に挨拶に行くようにさっそく訪ねてみた。応対してくれたのは、戦前季刊『批評』を主宰し、民俗学の著書もある編集長の宍戸儀一であった。

　すると編集長の宍戸儀一は、断るまでもない、『ジェニーの肖像』の翻訳はもともと日米著作権条約によって自由であったにもかかわらず、ＧＨＱに翻訳権を取らされた。占領が終わって、もとに戻った。どうぞご随意にと言うのである。

　井上一夫も、翻訳出版にかけては先輩編集者である。だが私は、井上の言った「翻訳権消滅」と宍戸の言った「翻訳自由」とには、日米間の翻訳にあたっての解釈に大きな差があることも、またアメリカの著作物の翻訳には、もうひとつの関門があることも、その時点では知らなかった。

『ジェニーの肖像』がアメリカで出版された一九四〇年は、あとから調べると、その三つが微妙に絡まっていた年であったのである。しかも、日本の出版界自体、翻訳出版が大手の関心外ということもあって、そのことへの理解に乏しかった。

にもかかわらず、私は安心して『ジェニーの肖像』の翻訳出版に踏み切った。そのために、現在に至るまで『ジェニーの肖像』は、遡って問題にされることなく、日本ではパブリック・ドメインとされ、何社からも複数訳されている。

そのようなケースは、これひとつに留まることではない。私は、その後の翻訳出版の実務で、いやというほど知らされることになる。

＊注　内国民待遇　自国民に与えている権利と同様なものを、相手国の国民や企業に対しても与えること。著作権の場合、他国民の著作権を自国の著作権法で保護をすること。

3 『オリエント急行の殺人』と戦時期間加算

平成十五年の初頭、出版社からある相談を受けた。アガサ・クリスティーの『オリエント急行の殺人』と『三幕の殺人』の翻訳権のことであった。いずれも昭和二十年代、早川書房が翻訳権消滅として「ポケット・ミステリ」に収録し、それに倣って多くの社から翻訳が多数出ている。

その相談は、この二作品は、実は翻訳権は消滅せず、いまなお存続していることが判明し、翻訳して出版している講談社、新潮社、東京創元社、偕成社などに、著作権者から抗議の手紙が送られてきた。どのように対応すべきか、ということだった。

初めて聞いたとき、まず翻訳権が存続していることなど、あり得ないことだと思った。その二作品が日本で翻訳出版されたのは、半世紀以上昔、私が編集者時代の昭和二十年代の話である。

相談を受けた時点でも、アガサ・クリスティー（一八九〇〜一九七六）が亡くなってから、三〇年近く経っている。その一冊の翻訳者でもあり、編集者でもあった私の当時の上司、詩人田村隆一も、出版者である早川清も、それに関係したと思われる人はすべて、私を除いて死んでいる。

早川書房はその非を認め、改めて契約したという。その上で、クリスティーの著作権者は、無許可で翻訳して出版している前記の社に即時の出版、販売の停止と一カ月以内の在庫の破棄の他、それぞれの販売実績の報告を求めているという。

クリスティーの著作権者は、ジョルジュ・シムノンやグレアム・グリーンなど著名な死亡著作者の全著作権を買い取って、全世界にビジネス展開をしているコリオン・グループである。死亡した著作権者の権利を買い取り、その複製権、翻訳権をはじめすべての権利で利益を上げようとしているのであれば、慎重な調査をしたことにまちがいない。

コリオン・グループのクレイムの手紙を出版社に回送した日本の代理人は、一〇日以内の返事を出版各社に求めていた。『オリエント急行』の場合、原作は一九三四年にイギリスで発行、翻訳は昭和二十九年（一九五四）三月に早川書房から出版されている。

『三幕の殺人』の場合、原作は一九三四年にアメリカで発行され、占領下の昭和二十六年（一九五一）一月におなじく早川書房から出版され、さらに昭和二十九年（一九五四）一月に『オリエント急行』に先駆け、ポケット・ミステリの一点として再発行されている。

コリオンは、クリスティーは連合国民であり戦前の著作物であるため、翻訳権十年留保に平和条約による戦時期間を加算した期間内に翻訳出版されていれば、翻訳権は存続する。この二点は、その期間内に翻訳出版されている。したがってクリスティーの死後五〇年＋戦時期間、保護されなければならないと主張した。

日本の出版社側は、寝耳に水の話として慌てたようだ。私も、戦時期間を加算して計算してみると、たしかに『オリエント急行』は、その保護期間内に早川書房が翻訳出版している。正

オリエント急行の殺人
（早川書房、ポケット・ミステリ）

三幕の殺人（早川書房）

三幕の殺人
（早川書房、ポケット・ミステリ）

直なところ、あり得ないと考えていた私も、その事実にびっくりした。

だが、『三幕の殺人』は、クリスティーの本国イギリスではなく、アメリカで先に発行された（イギリスでは一年遅れの一九三五年）ことで、違った展開をするはずであった。一九五一年の翻訳出版は、先に述べたような占領下での特殊事情で契約された。さらに、その後の一九五四年の出版は、アメリカとは相互内国民待遇をしていた時期にもあたる。

それらの詮索や計算はさておき、私は、相談してきた出版社には、『オリエント急行』の場合、まず早川書房がその昭和二十年代初めて翻訳出版したとき、クリスティー側と正式な出版契約を結んだかどうか、訊きかえすべきだと答えた。もちろん、されているはずのないことを前提での質問である。

クリスティーの承諾を得ずに出版しているのであれば、たとえ早川書房の翻訳出版が翻訳権の保護期間内であっても、旧法第七条に示してあるように、著作権者が翻訳権を行使したことを意味しない。海賊版が出たに等しく、当然、現在では翻訳権は消滅している。相談してきた社には、そのように私は返事をした。

その後、双方どのような対応をしたか、その後の経過報告がないのできちんとは知らない。どの社も引き続き出版を続けているところを見て、なんのおとがめも受けなかったに違いない。

一方、早川書房は、翻訳権の有無に関わらず、クリスティーの全作品の翻訳出版契約を結んだという話が聞こえてきた。クリスティーの翻訳権存続のものすべてを独占している早川書房としては、やむを得ない選択であったのであろう。といって、権利消滅の他社のクリスティーの著作の翻訳出版を縛るものではない。

だが、その相談は、当時のことをいろいろ思い出させる出来事であった。早川書房に在社した期間は、わずかな年月であったが、翻訳出版に関わることがらは、いまなお記憶に深く刻まれている。翻訳出版編集者としての出発点であったこともある。

私は、早川書房と当時の翻訳出版に関しては絶大の力をもっていたフォルスター事務所との間がスムーズでないことを身をもって知ったので、平和条約後、文部省著作権課の仮免許を得て開業したチャールズ・E・タトル商会版権部を利用しようとした。すべて翻訳出版の手ほどきをしてくれた遠藤慎吾の勧めによるものである。

タトル商会を初めて訪ねたのは、ステファン・ツヴァイクの遺作、評伝『バルザック』の翻訳権取得のためであった。このツヴァイクの未完の遺作は、彼が最後にはアメリカに渡り、ブラジルで死んだこともあって、著作権の交渉相手が不明であった。

タトル商会に持ち込んだのは、英訳を出版したニューヨークのヴァイキング社につなぎを入れれば、著作権者に辿りつけはしないかと思ったからである。フォルスターでなく、タトルで翻訳権が取得できるか、彼らを試す意味もあった。

その狙いは当たって、著作権者を探し出したタトル経由で『バルザック』は、著作権継承者と翻訳出版契約を結ぶことができた。そのことは早川書房にとって、海外翻訳権を取得する新しい道が開かれたことでもあった。

その交渉時に、逆にタトル商会からミッキー・スピレインのハードボイルド・ミステリーの翻訳出版を勧められた。すでに、監修者江戸川乱歩によって、『宝石』誌上でハメットやチャンドラーと違い、通俗ハードボイルドだと切って捨てられていたものである。これがアメリカで売れたこと自体、冷戦下吹き荒れたマッカシー旋風と無関係ではなかったであろう。

この私立探偵マイク・ハマーを主人公とするスピレインの『大いなる殺人』と『裁くのは俺だ』は、ミステリーとして企画が通ったものではない。だが結局は、占領下に出されて大量の返本をもたらした「世界傑作探偵小説シリーズ」の再挑戦としてスタートした江戸川乱歩監修「世界探偵小説全集（ポケット・ミステリ）」の第一冊、第三冊として刊行された。

起ち上げ時の企画には関わったが、その後の「ポケット・ミステリ」のラインナップは、田村隆一が、江戸川乱歩と植草甚一と相談しながら、当初は翻訳権が消滅したものを主体に編んでいった。だが、江戸川乱歩に忌避されたスピレインの「マイク・ハマー・シリーズ」の二冊は、アメリカでベストセラーになっていることが新聞などで報道されたため、誕生したポケミスの牽引車となった。

その後の私は、棚ぞろえのためと、当時の出版社がやらざるを得なかった自転車操業の一環として、ポケミスとおなじ判型の先の『ジェニーの肖像』など映画化作品を主とした「ポケット・ブックス」に取り組んだ。こちらもポケミス同様、ほとんどが翻訳権の消滅したものを収録した。

ミステリーの場合、アガサ・クリスティー、エラリー・クイーン、D・H・カーのいずれもフォルスター扱いであった。出来る限り当初は、翻訳権消滅のものを選んだポケミスだったが、それら海外ミステリー御三家のものは、翻訳権を取得しないわけにいかなかった。そのこともあって、フォルスターは田村隆一があたり、その他江戸川や植草が推す新作の翻訳権は、私がタトルを通して交渉した。

田村隆一は、一見八方破れに見えるが繊細で、かつ老人キラーと言われたほど江戸川乱歩をはじめ目上から可愛がられた。その性格ゆえか、早川書房とフォルスター事務所との関係を修復し、のちには彼の弟を写真の著作権のセールス担当として入社させたほどであった。

その関係があって『エラリー・クイーンズ・ミステリー・マガジン』がフォルスターから持ち込まれ、日本語版出版までに及んだ。日本で初めての外国雑誌の翻訳出版と言ってよい。田村は、ポケミスの表紙をその死まで書き続けた勝呂忠に装幀を依頼して、粗末な作りの本国版をアメリカ探偵作家クラブ美術賞を受賞するまでに昇華した雑誌にした。

田村隆一は酒を飲むとがらりと変わるが、校正も丹念であったし、計算も正確で早かった。その彼が翻訳権が存続しているものを、消滅したと錯覚するのか、私には疑問であった。彼がクリスティーの戦前の作品に、戦時期間が加算されることを知らないはずはない。

先にも述べたが、私自身、著作権法（旧法）や、平和条約はもちろん、それによる「連合国及び連合国民の著作権の特例に関する法律」の勉強もせず、まして昭和二十九年一月十三日に取り交わされた日米交換公文*注など知りもしなかった。また、それらの知識を普及する講習会もセミナーもなかった。

当時は、主権が回復したばかりで文部省著作権課も、業界に対する指導力がなかったし、業界自体が戦犯出版社追放運動で日本出版協会と全国出版協会（自由出版協会）の二つに割れていた。また、倒産が相次ぐ中で、出版社はそれらに目配りする余裕がなかったのだろう。

唯一存在したのは、翻訳出版懇話会である。そこでは戦時期間加算についてはほとんど問題にされたことはなく、もっぱらアメリカから加入を迫られていた万国著作権条約（ユネスコ条約）がテーマであった記憶がある。

その頃に発足した日本著作権協議会の声明や文書でも、万国著作権条約がほとんどである。翻訳出版懇話会の世話人であり、当時岩波書店の編集部長であった布川角左衛門は、のちに、その頃はユネスコ条約をそらんじるほど勉強したと言っていたほどである。

私たちは、実務に関係ある英米仏の戦時期間のみ知って戦時期間が違う国（例えばオランダ）があることも留意しなかった。ただばくぜんと、その期間を覚えて処理していた。戦時期間が戦前と戦中の著作物で分かれていたことも気にしなかったし、しないですんでいたのだろう。

イギリス国民の戦時期間は、日本が連合国と戦争状態に入った一九四一年十二月八日からサンフランシスコ平和条約が発効した一九五二年四月二十八日までの間である。翻訳権の場合は六カ月加算されるので、私たちは、当時は翻訳権十年留保に一〇年一〇カ月二〇日を加え、二〇年一〇カ月二〇日と覚えていた。

正しくはその年が閏年《うるうどし》かどうかで日にちは変わってくるので、正確には三七九四日に六カ月を加えなければならないとされたのは、だいぶ経った昭和四〇年のことである。一九三四年に出た『オリエント急行』は、翌年の一月一日から計算して、その計算によると、一九五五年十一月二十二日まで翻訳権が消滅しない。

戦時期間を雑に計算して一〇年としても、あるいは間違って発行年の一月一日を起算日にして戦時期間を加えても、一九三四年発行の著作の翻訳は保護期間内である。にもかかわらず、権利を取らずに『オリエント急行』は、一九五四年三月に出版された。なぜだろう。私には不思議に思えてならない。

考えられるのは、当時の自転車操業である。早く多くの点数を出さなければならないのになかなか原稿が揃わない。焦って、まもなく翻訳権が切れるものの翻訳出版に踏み切ったのか。計算違いをしたのか。それより先、一月に出した田村隆一自身の訳によるクリスティーの『三幕の殺人』とおなじく、翻訳自由と錯覚したのか。

『三幕の殺人』の場合、イギリスでなく、先に触れたようにアメリカで初版が出版されている。『ジェニーの肖像』で触れたが、当時はアメリカの著作物の翻訳は、「翻訳自由」と「翻訳権消滅」に意見が分かれていた。一九三四年発行のアメリカの著作物は、次の節で述べるが、どちらからも翻訳出版は自由と考えられていた。

もうひとつの留意点は、『オリエント急行』の訳者が、延原謙であったことである。延原は、「シャーロック・ホームズ・シリーズ」の訳者であり、戦前からミステリー翻訳界では大御所的存在であった。そのために、同年発行の『三幕の殺人』が先に発行されたので、急いで出さなければならない何かしらの理由が生じたのか。

言えることは翻訳権の保護は、五十年フィクションの反動もあって、恣意的であったことである。占領中に取らなくてもよい翻訳権を取り、その後も数年にわたって使用料を払い続けた社がけっこうあったり、つづけて契約を履行しなければならなかったにもかかわらず破棄したりした。

また、戦前、発行日の翌年から計算しなければならないのに、発行日からしていたことでもわかるように、正しい著作権知識は普及せず、占領下の混乱がさらにそれに輪をかけた。それが当時の翻訳出版の実情である。『オリエント急行の殺人』のような例は、おそらく珍しくなかったのであろう。

早川書房を辞めて、チャールズ・E・タトル商会に移り、トラブルのたびに、私は戦後の混沌ともいうべき実情を身をもって知った。その解決のために、平和条約による戦時期間加算や日米交換公文の内国民待遇、さらには、ベルヌ条約未加盟のアメリカ著作物の例外的特権などを学ばざるを得なかった。

＊注　日米交換公文　「日米間には、かつて『日米間著作権保護ニ関スル条約』（明治三十九年五月十一日公布）があり、翻訳は相互に自由であったが、二十八年四月、平和条約第七条(a)項によってその廃棄が確認され、これに代わり両国の間には、内国民待遇の相互許与に関する交換公文が取りかわされ、二十七年四月から三十一年四月二十七日までの四年間、相互に内国民待遇を与えることとなった。」（文部科学省ホームページより）

4　「弁護士ペリー・メイスン」の主張

私が平和条約後の翻訳権の処理のむずかしさと自分の不勉強さを知ったのは、昭和三十年、タトル商会版権部に転職して間もないときである。アメリカの出版社の一通の調査依頼の航空便によるものであった。

それによれば、その社が出している The Black Stallion が、日本で無断で翻訳出版されている様子だという。調べてほしいというのであった。それが講談社の世界名作全集に収録されている『黒馬物語』であることがすぐわかった。昭和二十八年に出版されている。

この『黒馬物語』は、菊池寛や芥川龍之介などが取り組んだ興文社版小学生全集に収録され、のちに岩波書店その他で翻訳された古典的な同名のアンナ・シュウエルのものではない。こちらの著者はウォルター・ファーレーで、原書は一九四一年に出版されていた。

私はこの調べで初めて占領下と平和条約後の翻訳権事情を勉強したといってよいだろう。そして、占領が終わりに近づいたとき、日本の出版社が懸念した数々のことや、その結果を知ることができた。

予想されていたように、占領下の五十年フィクションで、日本の著作権法では権利が消滅していたにもかかわらず強いられた契約は、著作権法の保護にあたるものを除いてすべて無効になった。また、占領下施行された唯一著作権に関するポツダム政令翻訳出版の契約にあたって、海外の権利者に譲渡登録を余儀なくされた翻訳者の翻訳著作の権利は、うやむやにされて戻ってきた。

その一方、占領下認められなかった翻訳権十年留保は、平和条約発効とともに、復活は遂げた。だが、連合国の著作物の保護期間には戦時期間、つまり最大限太平洋戦争開戦時からそれぞれの国との平和条約発効時までの期間を加算されることになった。また、翻訳権十年留保には、その戦時期間に六カ月を加えなければならなかった。

しかし、出版社が一番望んだ翻訳相互自由の日米著作権条約は、復活しなかった。平和条約で知的所有権などはすべて内国民待遇で保護されることになり、さらに昭和二十八年十一月十日の日米交換公文でそれが追認された。

アメリカの著作物は、平和条約発効日（一九五二年四月二十八日）以降、新しい著作権条約（万国著作権条約）が発効される（一九五六年四月二十八日）までの四年間は、日本の著作権法によって保護される。つまり翻訳権十年留保で保護されるとしたのである。

だがその四年間のアメリカの著作物の翻訳に、二つの解釈があった。ひとつは、内国民待遇と言う以上、過去にさかのぼって翻訳権十年留保で保護するという考えである。

もうひとつは、平和条約発効以前に発行されたものは翻訳権消滅。それからの四年間にアメリカで発行されたものだけに翻訳権十年留保を適用するとしたというものであった。

前者は、私の早川書房時代、『ジェニーの肖像』の翻訳出版に関わったとき、持ち込んだ翻訳者井上一夫が言った翻訳権消滅である。一九四〇年発行の『ジェニーの肖像』が、早川書房で翻訳出版された昭和二十八年（一九五三）には、一〇年経過している。

後者は、占領下、『ジェニーの肖像』の翻訳権を取らされた鎌倉書房の編集長宍戸儀一が言った「翻訳自由」である。彼はそれは戦前の日米著作権条約でもともと取る必要もなかった著作物であってご随意だと言った。

この後者の考えが当時の出版界の主流であったことは、日本書籍出版協会の昭和四十七年から出版し続けた『翻訳出版の手引き』に次のように書かれていることでもわかる。


…………

翻訳しようとするアメリカの原書が一九五二年四月二十七日以前に発行されたものであれば、それまで存続していた〝日米著作権条約〟によって、翻訳の自由が認められていますから、問題はありません。……

次に、その原書が一九五二年から一九五五年の間に、正確には一九五二年四月二十八日から一九五六年四月二十七日での間に、アメリカで発行されたものであれば、〝平和条約第十二条に基づく著作権に関する内国民待遇の相互許与に関する日米交換公文〟によって、アメリカで出版された著作物についても、ベルヌ条約による取扱いが認められ、これに伴って〝翻訳権十年留保〟が適用されます。

………………………………………

これに対して日本雑誌協会著作権委員長や著作権審議会委員などを務めた読売新聞社元図書編集部長鈴木敏夫は、その著書『実学・著作権――情報関係者のための常識』（サイマル出版会、一九七六）で、日米交換公文が日米間翻訳自由を定めた日米著作権条約の平和条約発効前日までの有効を確認したことは認めながらも、平和条約発効以前のアメリカの著作物の翻訳権を、権利消滅とするのはまちがいであると反論している。

つまり、平和条約発効時点で公刊後一〇年以内のアメリカの著作物は、遡って保護しなければならなかった。それが平和条約第十二条に定められた内国民待遇であるとしたのである。たしかに日米交換公文の附属書簡でも、過去の著作物に遡ると追認されていた。

だが、当時出版界は、日米著作権条約によって平和条約発効までのアメリカの著作物の翻訳権は消滅扱いにしたと思う。おそらくそれで鈴木説では契約すべきものであったものが、その四年間、無断翻訳されたか、占領後も継続して出版されながら権利消滅とされてしまったという疑いがある。いずれにせよ、鈴木が異を唱えた時点、もう過去の話になっていた。

当時の私は、『翻訳出版の手引き』のような解釈があって、平和条約発効以前のアメリカの著作物の翻訳が自由だとされていることを知らなかった。私は、早川書房の編集者時代からアメリカの著作物は内国民待遇により、遡って翻訳権十年留保をするものと考えて処理していた。

それで『黒馬物語』が刊行された一九三九年から一〇年以上経過した一九五三年に講談社は翻訳出版している。そのために、日本では著作権法第七条によって、翻訳権は消滅しているとアメリカの出版社に伝えた。

すると意外な返事が戻ってきた。ウォルター・ファーレーの『黒馬物語』は、カナダと同時公刊されている。カナダは日本も加盟している国際著作権条約ベルヌ条約加盟国であり、その国で同時発行されたアメリカの著作物は、ベルヌ条約の保護を受ける。また連合国の著作物であるから、十年留保だけでなく、戦時期間を加算して保護しなければならない。そう主張してきたのである。

Simultaneously published という原書の扉裏の英文とともに、「同時公刊」を聞くのは私にとって初体験であった。日本著作権協議会を創立した事務局長の北村治久やその他何人かに訊ねたが、あまりはっきりした答えは得られなかった。
なかには、カナダの出版が、印刷、製本まで独自にしたのでなければ、同時公刊とはいえないというのや、そんなこと気にするなという意見もあった。そして、やっと次の文に辿りついた。

米国の著作物がわが国及びベルヌ条約加盟国で始めて発行された場合、或いは米国の著作物が米国とベルヌ条約加盟国とに同時発行された場合、これらの翻訳権についてはわが国では著作権法の保護を与えなければならぬのであって、又かかる翻訳権には平和条約第十五条(c)の関係が生じていることは当然である。

…………………………

平和条約第十五条(c)というのは、著作権の保護期間に戦時期間を加算することを定めた条項である。この文章は、平和条約発効後間もなく雑誌『ジュリスト』(昭和二十七年七月一日)に載った「翻訳権にご注意」に書かれていた。著者は、当時文部省著作権課課長であった柴田小三郎である。
私は講談社を説得して、『黒馬物語』の契約を進めた。アメリカ側も、同時公刊による権利主張である。すでに発行済の児童図書の継続に支障をきたさない条件で契約することができた。

同時公刊などレアケースに過ぎないと思っていた私は、それで終わったと思った。

ところがまもなく翌年の暮れ近く、また私は同時公刊事件に当たらざるを得なくなった。こんどは、翻訳権侵害で日本の出版社間の調停をする破目になった。その一、二年後日本でも放映される人気番組「弁護士ペリー・メイスン」の原作、アール・スタンリー・ガードナーのミステリー・シリーズをめぐってである。

このシリーズは、アメリカで一九三三年に刊行された『ビロードの爪』から始まって一九七三年までの長きにわたって、年に二点ないし三点刊行された評判のミステリーであった。どれも弁護士ペリー・メイスンが、女性秘書のデラ・ストリートと探偵のポール・ドレイクの協力のもと、依頼人の冤罪《えんざい》を晴らすストーリーである。

昭和二十八年から始まった早川書房のポケット・ミステリでも、「ペリー・メイスン・シリーズ」は売れ行きがよかった。そのこともあって、その時点（一九五六）で、翻訳権取得の必要なものの権利をすべてとろうとした。

するとアメリカの出版社は、その申し込んできた作品が、ペリー・メイスンものの全作品数に比してあまりにも少ないことに疑問をもったようすだった。なぜそれ以前に出版されたものを契約しないのかと訊ねてきたのである。

多くの世界の出版社が、日本が翻訳権十年留保しているのを知らない。これもまたそのひとつかと受け取り、それを説明すると、『黒馬物語』とおなじ意外な展開を見せ始めた。アメリカの出版社は、「ペリー・メイスン・シリーズ」はすべてカナダで同時公刊されているので、ベルヌ条約によって日本で保護され、戦時期間も加算されると返事してきた。そればかりか追いかけるように、同時公刊を証明する、公証人の署名入りの書類まで送ってきたのである。

それによって「ペリー・メイスン・シリーズ」の翻訳権のほとんどは、『ビロードの爪』以下八点を除いてすべて翻訳権が存続していることが立証された。当時はミステリーなどエンターテインメントの刊行については、独占する旨味より、海外への使用料を免れるリスク回避を望んだときである。早川書房は、契約時の前払金の逐次支払いを条件にやむなく契約をした。

契約が済んで問題になったのは、翻訳権存続となった第一作、『どもりの主教』が、翻訳権消滅と見做されて、東京創元社より『どもりの僧正』というタイトルで、その年の十月に翻訳出版されていたことであった。早川書房は東京創元社に対して、即刻の出版停止、市場よりの引き上げ、損害賠償に応じるよう要求した。

だが契約の前まで、早川書房も翻訳権消滅と考えていたことは、『どもりの主教』をその年の二月に出版していたことからまちがいない。早川書房が契約した時点で、新たに東京創元社版は翻訳権侵害になったことになる経緯があるので、両者の間に立って、私は苦渋した。

やっと、今後重版しない証拠として、紙型を早川に提供することで話をまとめ、東京創元社編集長秋山孝男の供をして、早川書房を尋ねた。発行した分はそのまま販売でき、一切の賠償もなく、ただ秋山が口頭で詫びるにとどめた。

だが、早川書房社長、早川清の怒りは収まらなかったことは、その応接の態度からも見て取れた。秋山孝男も早川書房に謝罪に同行しての帰り、「よそ様が先に始めた企画に割り込むのだから」と、彼流のへりくだった言いまわしで、早川清の不満を肯定していた。

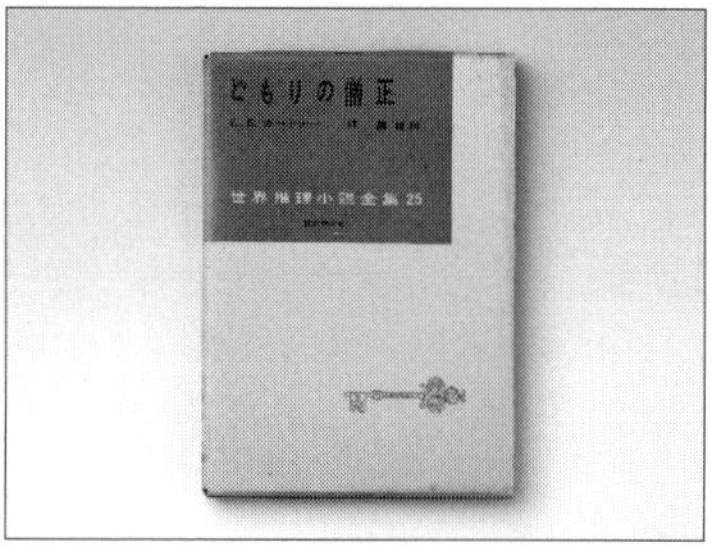

どもりの僧正（東京創元社）

どもりの主教（早川書房）

たしかに早川書房にとって、自社を含めて各社が失敗した推理小説の出版にポケット・ミステリで再度試みて目鼻がついたときに、東京創元社からその年、「世界推理小説全集」として一挙に三〇点近く品ぞろえをして出版されたのは、痛手であったと思う。しかしそれだけで、怒ったのではないと思う。

東京創元社は、大阪で創立された創元社の東京支社が独立した社であった。だが、早川清の年代にとって「創元社」は戦前から優れた著作を世に紹介した「創元選書」の出版社であり、また文学青年だった彼にとっては谷崎潤一郎の出版社であった。

敬意を払っていた創元社が、新興出版社のエンターテインメントの翻訳出版の真似をしたことが、彼を苛立たしくさせていたのだと思う。だが東京創元社の方は、その前々年の昭和二十九年（一九五四）に倒産し、再起を期す柱のひとつとして、ミステリーを始めた経緯がある。ここは穏便に処理して前に進むしかなかった。

私の方は、アメリカとカナダでの同時公刊をレアケースと見ていただけに、「弁護士ペリー・メイスン・シリーズ」の権利主張にたじろいだ思いもあった。他の書籍も、みなそのような形で出版されているのだろうか。たしかに大手の出版社の書籍の扉の出版社名の両脇に、ニューヨークとトロントもしくはロンドンの名が付されている。それも同時公刊と見做されるのか。戦後、アメリカを著作権先進国と思い込んできた身には、戸惑う出版事情であった。

ただ私はそのとき、平和条約後、翻訳権消滅ないしは翻訳自由として出版された『風と共に散りぬ』が、いつ知らず市場から消えていった理由を知ったのである。『風と共に去りぬ』は、一九三六年、カナダと同時公刊されたと見做されたにちがいない。占領下、翻訳出版契約をした大久保康雄訳三笠書房版は、それゆえに深沢正策訳創芸社版を排して、独占を続けることができたのだろう。このことについては、次節でさらに詳しく述べる。

5　「大久保康雄訳」と同時公刊

「ペリー・メイスン・シリーズ」事件をきっかけに、アメリカの著作物の発行状態を調べてみて驚いたのは、広くカナダとの同時公刊を行っていたことである。学術書や専門書の一部を除いて、多くの一般書が同時公刊されていた。

その同時公刊には、カナダの出版社をパートナーとしたものだけでなく、扉の出版社名にニューヨークの本社以外、トロント、ときにはロンドンと地名が付されている支社と同時に出版されたという形をとったものも含めていた。実際には同時発売と思われるのだが、アメリカ側は同時公刊と見做して権利主張した。

日本の出版界は、前章で紹介したように、平和条約発効（一九五二）前のアメリカの著作物は翻訳自由としたため、そこに気づくことが少なかった。むしろ、元来翻訳自由だったにもかかわらず、翻訳権を取らされた占領下の軛《くびき》から解放されたという思いの方が強く、それに目配りをしなかった。同時公刊のことなど、私の編集者時代の経験からも、ほとんど注意することはなかったと思う。

そのなかで三笠書房は、平和条約以降もマーガレット・ミッチェルの『風と共に去りぬ』の翻訳出版を独占して出し続けられることを願った。『風と共に去りぬ』は、占領下の昭和二十四年から二十五年にかけて、年間ベストセラー第三位にランクされるなどで三〇〇万部を超える大ベストセラーである。待たれた映画化作品も、昭和二十七年九月に上映されヒットした。

その一方、平和条約発効とともに、戦前第一書房から競争訳として出版された深沢正策訳の『風と共に散りぬ』が、翻訳自由として復活した。また偕成社からジュニア向け『風と共に去りぬ』が昭和二十八年に出版されている。これらにとどまらず、さらなる翻訳が出ることにまちがいなかった。

アメリカの権利者との交渉の中で、『風と共に去りぬ』が同時公刊であり、ベルヌ条約と平和条約で保護しなければならないことを知った三笠書房は、翻訳自由より独占を選んだのは当然であった。

一九三六年にアメリカで出版された『風と共に去りぬ』は、カナダで同時公刊されていれば、翻訳権十年留保に戦時期間が加算されて一九五七年十一月二十二日まで翻訳権が存続する。その間に翻訳権を行使すれば、当時で著者の死後三〇年に戦時期間を加算された年月まで保護されるのである。

三笠書房は、占領下の契約の再確認と更新をし、深沢正策訳『風と共に散りぬ』をはじめ他社の翻訳を排除することに成功した。その二、三年後、三笠書房は倒産するのだが、占領下に得た翻訳出版の多くを他社に奪われても、『風と共に去りぬ』は手放すことはなかった。

ただ倒産後の昭和二十九年の発行から、訳者名が大久保康雄と社長の竹内道之助の共訳に変更される。その年に発行された河出書房の世界文学全集の『風と共に去りぬ』にも大久保康雄・竹内道之助共訳と記され、以下他社の全集に収録されたものすべてそう表記され続けた。

なぜ共訳者が竹内道之助になったのか。突然の変化が、当時の私には不思議であった。まず考えられたのは、河出書房から全集に『風と共に去りぬ』を収録したいという申し出があり、訳書の出版社に法的な権利がないので、共有著作権者と主張できる共訳者として名を連ねたということであった。

次に考えられたのは、竹内道之助は実はもともと共訳者であったのではないかということである。竹内は、戦前から自社の刊行物の翻訳をしている。「大久保康雄訳」には、竹内道之助が噛んでいる可能性があった。

この「大久保康雄訳」を除いて、戦後の翻訳を語ることはできない。昭和二十年代から三十年代にかけての翻訳出版の主流は、彼を中心になされていたと言っても言い過ぎではない。

大久保康雄が翻訳者として登場するのは、昭和十二年、三笠書房の出したヒットラーの『わが闘争』からである。大久保康雄が竹内道之助の友人であったことから、彼の翻訳書は、『風と共に去りぬ』やヘミングウェイの『誰がために鐘は鳴る』をはじめ、年に四冊ほども三笠書房から出版されていく。

だが戦中は、「大久保康雄訳」は影をひそめる。その鬱屈からか堰を切ったように、戦後の昭和二十三年頃から昭和二十四年にかけて、大久保康雄訳が大量に書店に並び始める。多くの出版社から彼の翻訳で出版された。

三笠書房の『風と共に去りぬ』の復刊はもちろんのこと、ローリングスの『イヤリング』(日比谷出版社、一九四九)、ブロンテの『ジエーン・エア』(岡倉書房、一九四七)やアメリカの戦後まもなくのベストセラー、ロイド・C・ダグラスの『聖衣』(コスモポリタン社、一九四八)ジョン・バンヤンの『天路歴程』(風間書房、一九四八)などのほか、二、三の社から大久保康雄訳の翻訳書が出版される。

昭和二十五、六年になると大久保康雄訳はさらに増えて、次のように復刻を含めて年に十数点に及ぶほど出版される。

[昭和二十五年]

デュ・モオリア『愛すればこそ　上下巻』（評論社）
デュ・モオリア『若き人妻の恋』（評論社）
デュ・モオリア『レベッカ』（ダヴィッド社）
デュ・モオリア『パラサイト――愛の秘密　上下巻』（三笠書房）
ノードホフ、ホール『颶風――ハリケーン』（岡倉書房）
リーブマン『心の平和』（ダヴィッド社）
スティヴン・クレーン『巷の娘』（東西書房）
ブロムフィールド『雨季来る　上下巻』（岡倉書房）
フォークナー『野性の情熱』（日比谷出版社）

［昭和二十六年］
デュ・モオリア『青春は再び来らず』（評論社）
ハーヴィ・アレン『アントニイ・アドヴァース　全三巻』（三笠書房）
オルコット『若草物語』（三笠書房）
マーク・トウエン『トム・ソーヤの冒険』（三笠書房）
ヘミングウェイ『武器よさらば』（日比谷出版社）

フォークナー『騎士の陥穽』（雄鶏社）
フォークナー『野性の情熱』（三笠書房）
スタインベック『怒りの葡萄　上下巻』（六興出版社）
ダグラス『ガリラヤの漁夫』（コスモポリタン社）

戦前にすでに翻訳されていた『風と共に去りぬ』やヘミングウェイの『誰がために鐘は鳴る』などの三笠書房による復刻、改訳を入れると、その頃注目を浴び売れた翻訳書はすべて、大久保康雄が独占していたと言ってよい。また読者も、原著者の名前より、大久保が訳者として名前が出る翻訳書に惹かれて買った時代であったと思う。

振り返って見て、占領下、うたかたの夢のような英米文学を中心とした翻訳ブームがあったことがこのリストからわかる。しかも、ここに名を連ねている大久保康雄訳を出した社の多くが、その後いつとはなく姿を消して、現在存続している出版社、すくなくとも文芸ものの翻訳出版を継続している出版社は、評論社を除いていなくなったと言ってよい。

それは、戦後雨後の筍のごとく生まれ、いっときは四、五千社にも上った出版社が、占領が解けた平和条約発効後に半減したことと関係なくはないだろう。翻訳出版社の場合、その占領下の後期の出版不況のせいだけでなく、高率高額な契約ゆえに自らの首を絞めたせいもある。

だが、この大久保康雄訳の書籍のリストは、その頃どのような翻訳がなされ、いま、まったく消え去ったのか、なおも読まれているかを表す貴重なものでもある。一例を挙げれば、あの頃競って翻訳出版され、ベストセラーにもなったデュ・モオリアの作品は、アルフレッド・ヒッチコックが映画化した『レベッカ』がわずかに残るのみである。

だが世間は、さすがにフォークナーを年間に二冊やスタインベックの代表作を、一人でこなせるはずはないとして、「大久保翻訳工房」と呼び、それには多くの下訳者がいると推測したのは当然であろう。関係した編集者から次第にその下訳者なる人の名も、出版関係者の耳に聞こえてきた。中村能三、田中西二郎である。

それを伝え聞いた昭和三十年前後、すでに著名な翻訳者であった中村と田中の二人が、大久保康雄の下訳をしていたことを知ったとき、私は少なからず驚いたと記憶している。中村はA・J・クローニンの数々の作品、田中はグレアム・グリーンの『愛の終わり』などを翻訳していた。

大久保康雄は、懐の深い人で家を訪れる編集者は後を絶たなかったし、彼を中心とした翻訳者たちのゴルフ・コンペも頻繁に催されていた。翻訳文壇があったとすれば、大久保康雄はその長とも言うべき人で、風格さえあった。考えてみれば、中村能三や田中西二郎が下訳者でいておかしくなかった。

それに中村能三も洒脱に人生を送った人で、二歳も年下の大久保康雄の影武者であったことを隠しもしなかったし、権利主張もしなかった。その代わり、大久保康雄のものは自分のものといったようにさえ見られる行動があった。大久保が会員であったゴルフクラブで、自由にプレーをしていたし、一見兄弟のような関係に見えた。

なぜそのような関係だったか、私はのちに児童もの翻訳者の白木茂から聞いて初めて納得した。白木茂は、戦前の大久保康雄グループ、つまり田中西二郎、中村能三とともに、かの有名な翻訳工房の一人であったという。当時そこに集まった人たちは、大久保康雄の下訳者という意識はなく、翻訳工房の名義人として大久保康雄を立てていたのだというのである。

戦前、三笠書房から発行された『風と共に去りぬ』は、その翻訳工房の成り立ちから、竹内道之助も翻訳に嚙んでいたとしてもおかしくない。たとえそうでなくても、竹内道之助の執念なくしては、「大久保康雄訳」は平和条約発効後も独占して刊行することはできなかった。おそらくそのことからも、竹内が共有著作権者として翻訳自体に権利主張をするのを、大久保は受け入れざるを得なかったのかもしれない。

6 『人を動かす』と『怒りの葡萄』

占領下の契約を続行した出版社には、ほかにも創元社がある。その著作は、デール・カーネギーの『人を動かす』である。創元社がこの本を翻訳出版したのは、アメリカで出版されてまもなくの同年の昭和十二年（一九三七）である。

大谷晃一『ある出版人の肖像――矢部良策と創元社』（一九八八）によれば、創元社に紹介したのは、元『英文毎日』の主筆の加藤直士である。日本基督教団大阪教会の常任理事でもあった加藤と、そこで洗礼を受けた社長の矢部良策とは、教会仲間であった。

横浜正金銀行に勤めている加藤直士の甥がニューヨークから帰国して、アメリカで大変人気になっている本を持ち帰った。原名は「いかに友を得て、人びとを動かすか」で、加藤は人間関係の技術を具体的な実例を挙げて説きながら、その底にキリスト教の愛の精神が流れて人の心に訴えるものがあるとして、その翻訳出版を持ち込んだ。

矢部良策がそれに乗ると、加藤直士は抄訳して彼の新聞社時代の体験談を加え、『人を動かす』という表題にして創元社から出版した。表題は、加藤の妻がつけたという。加藤の体験談までそのまま入れた海賊版が出てその差し止めまでしたというから、評判を呼んで多くの人に読まれたことにはちがいない。

戦後、創元社は戦前の加藤直士抄訳の『人を動かす』を、新かなづかいやその他手直しし、加藤の序文を変えて新版を出版した。昭和二十四年（一九四九）十一月である。その序文で旧版と変わっているところは、次の文が追加されていることである。

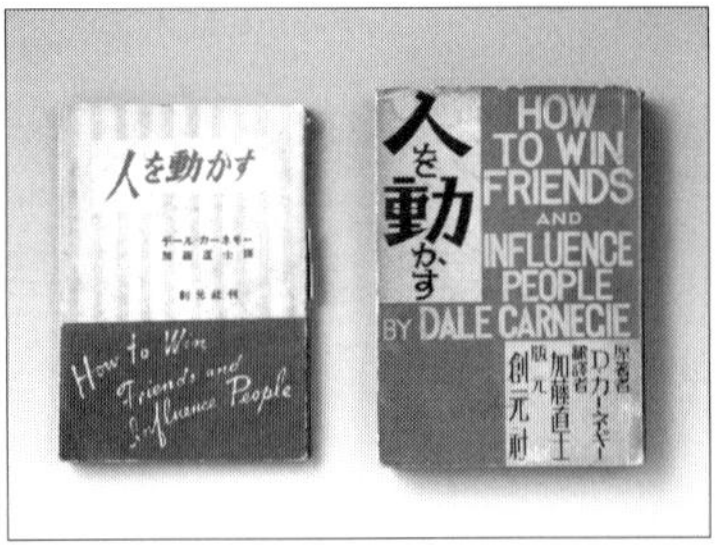

人を動かす（創元社）　右：抄訳、左：新版

今や新日本再建の初頭においてデモクラシーによる再教育の必要が痛感せらるるにあたり、特に原著者より翻訳権を獲得して、改めて本書をわが読書界に送り出す次第である。戦前日本において既に百数十版を出した本書が戦後の今日以後どれだけの歓迎を受けるか時代の動向を知る上において興味ある観物であろう。

これから読み取れるのは、戦前百数十版を出した『人を動かす』が、この新版が出るまで絶版であったこと、「特に原著者より翻訳権を獲得」と明示してあることから戦前は日米間翻訳自由で出版され、新版を出すにあたって翻訳権を取ったことである。

なぜ絶版であったか、そこに遡ると当時の翻訳出版事情が再確認できる。昭和二十三年に四度にわたって出されたGHQの「著作権に対する指令の適用に関する覚書」で、著作権侵害とされた翻訳書には、アメリカの著作物は『凱旋門』をはじめ七点に過ぎない。フランスの四五点、イギリスの三五点と比べてあまりにも少ない。

その時点、アメリカの著作が戦前に発行されたものの復刻を含めて翻訳出版が少なかった理由には、次の二つのことが考えられる。ひとつは、日米間は翻訳相互自由の条約があるが、戦争で無効になったと主張される恐れである。もうひとつは、すべての出版がGHQの検閲と承認を得なければならないなか、本国では著作権が存続しているものを出すことへの憚《はばか》りである。

事実、日米著作権条約が無効になったのであれば、逆に自由に翻訳出版できるとして刊行したレマルクの『凱旋門』（板垣書店、一九四七）は、著作権侵害とされた。出版社はそうなることを前もって予測し、アメリカの著作物の翻訳出版を控えたのであろう。

だがGHQは、著作権侵害の覚書を出す一方、その昭和二十三年、自らが選び委任を受けたアメリカの著作物の翻訳権の入札を開始した。同時に著作権者の許しを受けて契約を取り交わし、GHQの承認を受けたものは、翻訳出版を許すことにした。

創元社は、昭和二十四年七月六日にデール・カーネギーの『人を動かす』の翻訳出版の契約を、直接アメリカの出版社サイモン社と取り交わしている。あの占領下、創元社がどのようなルートで交渉したのだろうか。

おそらく訳者の元『英文毎日』主筆の加藤直士がいろいろな筋をたどって契約をまとめたと思われる。デール・カーネギーのアメリカでの評判や販売が並々ならないものであることを考えれば、その契約はGHQの入札による落札条件、公認のエージェント経由の高率な印税率とくらべて、きわめて低廉で見事なものであった。

契約書には、前払金や印税は、GHQの部預託口座に日本円で支払うとされていた。日本人が外貨を買うことも送金もできなかった占領下、このような条項があるのは当然として、この契約がGHQによって承認されたことを意味している。

創元社はその契約を、平和条約が発効しても、改訂版が出て再契約する昭和五十六年(一九八一)まで、そのまま履行し続けた。契約履行の点では、占領下の昭和二十四年十一月九日に契約し、翻訳出版したデール・カーネギーの『道は開ける』(一九五〇)でもおなじであった。

いずれもカナダで同時公刊されているが、平和条約発効後、創元社がそれを確認したという資料は残っていない。『道は開ける』は平和条約発効時点、内国民待遇が与えられる一〇年以内ではあった。おそらく創元社は、契約した以上、それらを忠実に守るべきとしてただただ履行したのだと思う。

昭和三十年代初期、N・V・ピールの『積極的考え方の力』、C・ブリストルの『信念の魔術』などアメリカのハウ・ツー書を出して成功したダイヤモンド社の桑名一央が、その出版を羨望した『人を動かす』『道は開ける』が一貫してひとつの社から出たのはそのためであろう。それが、カーネギーの死後五〇年に戦時期間が加算されるという長きにわたる独占出版につながった。

一方、三笠書房は、竹内道之助を共訳者とすることで、発意と責任で翻訳出版した出版社の権利の保持をはかったと見てよい。たしかにその後の全集合戦で、『風と共に去りぬ』を他社が収録することで大きな収益を見ることになる。その収益が三笠書房本体に貢献したかどうか疑問はあるが、保護すべき著作権を尊重した結果である。

問題なのは、たとえ同時公刊が条約に加入しないで権利主張を可能にしたアメリカの著作物であったにせよ、ベルヌ条約で認められている著作権を、当時の日本の出版界が翻訳自由と考えて侵害していたことである。それも、意図的なものでなく、誤解と海外著作権についての不勉強によるものであった。

占領中は翻訳権を取得して出版し、平和条約後はアメリカの著作物は翻訳自由として、同時公刊の事実が確かめられず出版されたものを、その頃の代表的な翻訳、大久保康雄訳だけで見ていくと、次の二つの作品がある。
ひとつはローリングスの『イヤリング』（原書発行　一九三八）、もうひとつはスタインベックの『怒りの葡萄』（原書発行　一九三九）である。前者は昭和二十四年（一九四九）、日比谷出版社から、後者は昭和二十六年（一九五一）、六興出版社から翻訳出版されている。いずれも表紙や帯に翻訳権取得と明記している。

　これらが同時公刊されていれば、一〇年に戦時期間が加算され、一九五九年から一九六〇年にかけてまで翻訳権は存続することになる。ところがいずれも翻訳自由とされて出版社を変え、

怒りの葡萄　上下（六興出版社）

昭和二十八年、『怒りの葡萄』は新潮社から、『イヤリング』は『子鹿物語』と名前を変えて三笠書房から出版されている。『子鹿物語』などは同年、吉田甲子太郎訳で新潮社からも出版されている。

　三笠書房が『風と共に去りぬ』は同時公刊があったとして契約する一方、『子鹿物語』は翻訳自由として出版したのは、ダブル・スタンダードである。一方、文芸の翻訳ものでは他に抜きんでていた新潮社は、『怒りの葡萄』『子鹿物語』を翻訳自由として進めた。それらのことからも、平和条約後の翻訳出版がいかに混乱していたかがわかる。

ヘミングウェイと並んでアメリカ文学を代表する一人であったスタインベックの場合、占領下その『怒りの葡萄』を含めて次の主要な作品が、六興出版社により契約を結ばれて翻訳出版されている。

『おけら部落』（原書発行　一九三五）
『二十日鼠と人間』（原書発行　一九三七）
『気まぐれバス』（原書発行　一九四七）

これらはすべて、『怒りの葡萄』とおなじく翻訳権消滅として契約が存続されずに、『おけら部落』と『二十日鼠と人間』は平和条約が発効してまもなく、他社から翻訳自由として出版される。『気まぐれバス』は、内国民待遇を適用すれば、一九五七年まで翻訳権は消滅しなかったにもかかわらず、その前年に文庫化されている。

ヘミングウェイの場合、のちに三笠書房は全集を出すにあたって、翻訳権消滅とされていたものの同時公刊の有無を確かめ、その時点、翻訳権が消滅していなかったものは契約を取り交わした。だが、スタインベックの小説は、彼の生存間に甦ることはなかった。

フォークナーもおなじくである。占領中翻訳権を取得して出版された『野性の情熱』（日比谷出版社／三笠書房）、『騎士の陥穽』（雄鶏社）が平和条約発効後、まもなく他社から文庫やその他で再発行されている。いずれも翻訳自由と見做して出された。翻訳者は、大久保康雄である。同時公刊は、確かめられなかった。

私自身も、その平和条約発効後に編集者として翻訳出版に関わりながら、それらの混乱を真摯に受けとめることはなかった。日本の出版界が同時公刊を無視していたことや平和条約発効以前のものを翻訳自由としていたことなどを知るのは、後年だいぶ年を経たのちである。

その点、翻訳自由と見做さないで契約を続行した『人を動かす』と『風と共に去りぬ』の二点は、日本の出版社が著作権尊重に十分配慮し、大きな果実を得た珍しい事例となった。その違いといえば、著作を同一出版社で出し続けるというこだわりの有無であろう。

第四章

十年留保と著作権法改正

1 『ロリータ』とアメリカの旧著作権法

二〇世紀の世界出版史上特記すべき著作の発行や事件を数え上げれば結構な数に及ぶと思う。だが、D・H・ローレンスの『チャタレー夫人の恋人』無削除版が無罪になった判決こそ、その後のわいせつ書についての刊行を、世界的に一変させたものと言ってよいだろう。

もちろん、この『チャタレー夫人の恋人』裁判は、訳者伊藤整、小山書店社主小山久二郎の有罪を確定した日本の最高裁のものではない。その二年後の一九五九年（昭和三十四）、アメリカの裁判で下された無罪判決である。

ついでイギリスでも一九六〇年、『チャタレー夫人の恋人』無削除ペンギンブックス版が無罪。さらにアメリカでは一九六四年、ヘンリー・ミラーの性を扱った二〇世紀の前衛文学と言われた『北回帰線』がその禁を解かれ、一九六六年には、百年以上禁断の書とされていたジョン・クレランドの『ファニー・ヒル』まで許された。

日本では、その時代、逆に「チャタレー裁判」の有罪が決まり、一九六五年に翻訳されたアメリカのベストセラー、テリー・サザーンの『キャンディ』（稲葉明雄訳、早川書房）は、発売早々発禁となった。また、一九六九年には、マルキ・ド・サド『悪徳の栄え』が最高裁で訳者の澁澤龍彦、発行者の現代思潮社社長、石井恭二の有罪が確定された。

あまり騒がれることがなかったが、ノルウェー作家、イェンス・ビョルネボの『リリアン』（三笠書房、一九七二）の裁判でも、変わりなかった。友人の田中融二が翻訳したので、私はただ一人の傍聴人として法廷に足を運んだが、具体的な指摘はなく、かんたんに「全文これ猥褻」として出版社に執行猶予付き実刑、田中には十数万円の罰金を下したのには唖然とした。

アメリカではすでに一九三四年、ジェイムズ・ジョイスの『ユリシーズ』裁判で「孤立した部分の内容ではなく、全体の作品において猥褻の効果を持つかどうか」やその文学性、目的などが考慮されなければならないと、こまかく定義されていた。その面から言って日本とは違って『チャタレー夫人の恋人』は、無罪とされて当然であった。

だがその頃の私は、日本の「チャタレー裁判」についても、多くの文学者や知識人がその文学性を主張して法廷で無罪を証言していようと、あまり関心がなかった。ましてアメリカの裁判など、先方の業界誌『パブリッシャーズ・ウィークリー』を斜め読みして知ったにすぎない。

その私を驚かせたのは、翌年の一九六〇年の秋、河出書房新社の翻訳出版担当の秋山嘉久雄が息を切らせて、尋ねてきたときである。聞けば、自社が出しているウラジミール・ナボコフの『ロリータ』の著作権が、アメリカでは消滅したとされて、複数の出版社が競い合って『ロリータ』を出版しようとしているか、したかで、問題になっているというのである。

ナボコフの『ロリータ』は、アメリカで一九五八年八月に出版されてから、三週間の間に一〇万部売り上げて『風と共に去りぬ』の記録を抜き評判になった。翌年の秋に出たパステルナークの『ドクトル・ジバゴ』に奪われるまでは、ベストセラー一位にもなることがあった。

秋山嘉久雄は、戦後、日比谷出版社に在籍し、大久保康雄訳でヘミングウェイやフォークナーをいち早く手がけた編集者である。海外へ支払う印税率の二〇％には参ったと私にはこぼしていたほど、占領下の翻訳出版の苦労を嘗《な》めていた。河出書房新社に移った秋山は、『ロリータ』の情報をキャッチするや、早々にタトル商会著作権部を通じて翻訳権を取り、翌年、大久保康雄訳で出版した。

中年の大学教授の一二歳の少女に対する倒錯的な愛を描いたこの小説は、日本でも話題を呼び、ベストセラーにもなり、ロリータ・コンプレックスを略した「ロリコン」なる言葉さえ生んだ。昭和三十二年に倒産して再建のさなかの河出書房新社にとって、その独占しての発行は必要なものであったはずである。

なぜアメリカで『ロリータ』の著作権の消滅が問題にされたかについては、騒動が起きた時点では、まったくわけがわからなかった。ただ私は、万国著作権条約加入時の翻訳出版懇話会で、何回となく「万国」よりベルヌ条約が優先されると聞かされていた。『ロリータ』はアメリカより先だって一九五五年、ベルヌ条約加盟国であるフランスの出版社、パリのオリンピア・プレスから出版されている。ということは、おなじくベルヌ条約加盟国である日本では著作権は消滅しないことを意味する。したがって河出書房新社の日本語版についての権利になんら影響はないと説明した。

当然のこと、日本ではなんの騒ぎも起こらず、河出書房新社は独占して出版を継続できた。だが私が、この『ロリータ』の著作権消滅騒ぎの真相や経緯、背景を知るのは、だいぶたってアメリカが著作権法を改正し（一九七六）、それを学ばざるを得なくなったときである。『ロリータ』の著者ウラジミール・ナボコフ（一八九九〜一九七七）は、帝政ロシアの貴族の家に生まれた。一九一七年のロシア革命で家族ぐるみベルリンに亡命した。だが、父親が暗殺されたり結婚した女性がユダヤ人であったりしたことから居をパリに移し、さらにナチス・ドイツにパリが占領される直前にアメリカへ脱出したという流浪の経歴をもつ。

そのような過去があったので、『ロリータ』の出版によって名声が傷つけられ、せっかく得られた教職であるコーネル大学のロシア文学、ヨーロッパ文学の講座を失うのを、ナボコフがたいへん怖れたのは無理からぬところがあった。アメリカのチャタレー裁判の無罪決着の四年前のことである。

やむなくナボコフは、アメリカでの出版をあきらめ、ヘンリー・ミラーの処女作『北回帰線』を出したことで有名なパリのオリンピア・プレスから出版した。オリンピア・プレスは、社主のモーリス・ジロージアスの父の営んだオベリスク・プレスのものまで含めて、それぞれ母国で出版を忌避された著作、二〇世紀の前衛的文学の避難所であった。

ポルノそのものと言ってよい小説も出して悪名高かったが、それだけの出版社ではなかった。のちに出版社青土社を興した清水康雄が企画し、話題を呼んだ河出書房新社の『人間の文学』に収録される多くの作品を出版している。

オリンピア・プレスは、そのほかにもロレンス・ダレル『黒い本』(河野一郎訳)、ウィリアム・バロウズ『裸のランチ』(鮎川信夫訳)、J・P・ドンレヴィ『赤毛の男』(小笠原豊樹訳)、フランク・ハリス『わが生と愛』(大久保康雄訳)、ポーリーヌ・レアージュ『O嬢の物語』(澁澤龍彦訳)などの禁断の書の英語版や、早川書房が翻訳出版して発禁の目にあったテリー・サザーンの『キャンディ』やノーベル賞を受賞したサミュエル・ベケットの『モロイ』『マロウンは死ぬ』『ワット』を出している。

ということは、二〇世紀は、『チャタレー夫人の恋人』が無罪判決を得る一九五九年まで、ヘンリー・ミラーが言うように二〇世紀文学のテーマが「性」にならざるを得ない以上、文学が文学であることを貫こうとすると、陽の目を見るのが容易でなかったことがわかる。
さらに調べていくと、「性」的文学の壁を崩したのは、『チャタレー夫人の恋人』裁判ではなく、このオリンピア・プレスの出した『ロリータ』のアメリカでの再発行であったことがわかってくる。その刊行は、裁判に先立つ一年前である。

『ロリータ』の再発行を可能にしたのは、一九五七年、パリからアメリカの読者に送った『ロリータ』の一部か二部が税関で差し押さえられたにもかかわらず、数週間後になんの説明もなく通関され、読者の手元に届いたからである。

アメリカのわいせつ文書の取締りは、二つの連邦機関でなされていたことはあまり知られていない。ひとつは、『ロリータ』の輸入で見られる海外からの輸入差し止めをする関税局である。もうひとつは、国内の郵送を禁ずる権限をもった郵政省であった。『チャタレー夫人の恋人』を訴えたのは、郵政省である。

前者は関税法に追加されたわいせつ文書の通関を許さない条文で、後者はわいせつ文書だけでなく産児制限まで含む知識の伝達を禁ずるコムストック法と言われた法律によるものであった。これらは、日本の関税定率法による「風俗を害すべき物品」と、まったくおなじ考え方、取締り方法である。

その取締りは倫理的な役所の解釈によるもので、その行為自体、判例になるわけではない。

最終的には、『チャタレー夫人の恋人』のように裁判での決着を待たなければならないのだが、『ロリータ』の通関の事実を知ったジロージアスは、アメリカの出版社に再発行権（リプリント）を売れる可能性が生じたと感じた。しかもその実現は、急がなければならなかった。

たしかに通関できても、当時の著作権法（一九〇九年法）では製版、印刷、製本されない英語版は、原則、著作権の保護も海外からの輸入も許されなかった。いわゆる「合衆国において行われるべき機械的作業」（大山幸房訳）と銘打たれた製造条項が待ったをかける。

一九四九年の改正で緩和され、海外での出版後六カ月以内に著作権局に登録することを条件に、五年間で一五〇〇部までアメリカで頒布することはできるようになった（十六条）。また、登録し仮著作権を得ておけば、発行日より五年間の保護が認められ（二十二条）、その五年以内にアメリカで製造して再発行すれば、通常の著作権登録をすることができ、二八年間著作権の保護を受けることができるよう改正された（二十三条）。

ジロージアスはぬかりなく、一九五五年に登録をすませてはいた。だが、発行日より五年と定められていた仮の保護期間はあと二年しかない。ジロージアスはアメリカの出版社に交渉を始めた。それに手を貸したのが、『ロリータ』を高く評価していた『出版、わが天職』（堀江洪訳、新曜社、二〇〇二）で日本でも高名な編集者ジェイスン・エプスタインであった。

エプスタインは、まずダブルデイで発行の雑誌『アンカー・レビュー』に、『ロリータ』を三分の二ほどにダイジェストして掲載する。郵政省が取締りに動かないのを見てとると、多くの出版社が手を挙げてやっとパットナム社によりアメリカで陽の目を見ることになる。

私がこれらを詳しく知ったのは、『オリンピア・プレス物語』（ジョン・ディ・セイント・ジョア、青木日出夫訳、河出書房新社、二〇〇一）を読み、のちにアメリカの旧著作権法（一九〇九年法）を手に入れたからである。旧法に製造条項があるのは知識としてはあったが、正しく理解していなかった。

いまでさえ、その製造条項をクリアしてアメリカで再発行された『ロリータ』が、なぜ著作権消滅として他社からも出されようとしたのか、その実情がわからない。考えられるのは、旧法の製造条項が改正以前はもっと厳しく、一切の仮登録も再発行も認めていなかったことに倣ったのか、旧法二十三条の適用がないと見誤ったとしか考えられない。

だが、先のアメリカとベルヌ条約加盟国との同時公刊に加えて、この『ロリータ』の著作権消滅騒ぎは、タトル商会で翻訳権の仲介を始めたばかりの私が、海外の著作権事情に目配りせざるを得なくなるスタートであった。

また、当時発足したばかりの万国著作権条約が、登録しないと著作権が保護されないアメリカを含むパンアメリカン条約加盟国と、登録を必要としない発生主義のベルヌ条約を、マルC（©）を付すことで結ぶものという単純なものでないことを知るきっかけにもなった。

美作太郎は、その著書『著作権「出版の現場から」』（出版ニュース社、一九八四）で、一九七〇年代でもサマセット・モーム、ジェイムズ・ジョイス、バートランド・ラッセル、ヴァージニア・ウルフなどのイギリスの著名な著作の海賊版が何種類にもわたってアメリカで出版されている報告を紹介している。占領下、ＧＨＱの無断翻訳覚書で粛正される経験をした出版者たちは、それを複雑な思いで読んだはずである。

ビクトル・ユーゴーなどの斉唱で出来た国際著作権条約ベルヌ条約（一八八六）に、日本は一三年遅れて加盟したが、アメリカは創設会議に参加しながらも加盟しなかった。その理由に登録主義や著作者人格権を認めていないことなどが挙げられていたが、おそらくは自国の印刷製本業者の利害だけでなく、その頃はイギリスの著作物の無断復刻に頼らざるを得なかった出版事情がそれを妨げたのであろう。

その一方、イギリスの植民地であったカナダと同時公刊の形で出版することで、アメリカの著作物のベルヌ諸国の保護を得るようにしていた。つまり、製造条項で他国の英語著作物を保護しない一方、加盟しないベルヌの同時公刊の項を利用して自国民の著作物の保護を他国に強制する。

敗戦により軍国主義からの価値の大変換にとまどいながら戦後を生きた私は、著作権保護においてもアメリカは先進国であると思い込んでいた。「製造条項」と「同時公刊」は、それを裏切るものであった。

もちろん、いちばん被害を蒙ったのは、イギリスであろう。万国著作権条約の成立を進めながら、ブラッセル改正条約（一九四八）で、期日の定めがなかった同時公刊を一カ月以内と定めたり、これによって被害を受けた場合はその保護を制限できると迫り、アメリカの旧著作権法の製造条項の適用を自国人のみに緩めさせはした。

しかし、この製造条項や同時公刊の弊が最終的に是正されるのは、一九八九年三月一日のアメリカのベルヌ条約加盟まで待たなければならなかった。いずれにせよ、アメリカの著作物の翻訳は、日本側の理解不足と先方の特殊な著作権事情とあいまって、遡って見ていくと、けっこう不適当な著作権処理がなされていることに気がつく。しかし、いまとなっては回復しようもないだろう。

2 『内なる私』の私の経験

昭和四十五年（一九七〇）五月六日に著作権法が改正されて、翌年の昭和四十六年一月一日から施行された。

旧著作権法が誕生したのは、明治三十二年（一八九九）である。それ以降、「活動写真」の発明、ラジオ放送の開始、「蓄音機」の普及などで、継《つ》ぎ接《は》ぎの著作権法改正を繰り返してきた。やっと七一年ぶりに整合性が取れた新しい著作権法が出来たのだが、改正作業に一〇年近くの歳月を要した。

この改正に出版界をあげて存続の運動をしたのは、旧法第二十八条二から十一までの「設定出版権」と、第七条の「翻訳権十年留保」であった。だが出版界は、その陳情のパンフレットの数を見ても、十年留保より設定出版権に重きを置いていたことが読み取れる。

陳情運動が功を奏したのか、設定出版権は、新著作権法の第七十九条から第八十八条になってほぼそのまま存続した。しかしそれから三、四〇年後、コピー機の発達、インターネットによる送信など、メディアの新しい展開とともに、それを改正もしくは新設の権利への変更を余儀なくされるとは、だれも考えもしなかったと思われる。

だが、翻訳権の十年留保は、新聞報道で「十年留保、さようなら」とされたように、当初、廃止されたと思われた。事実、新著作権法からは姿を消し、また、一〇年経てば完全になくなるとも伝えられてきた。だが、その根拠である附則は次のように定めていた。

……………………

（翻訳権の存続期間についての経過措置）

附則第八条　この法律の施行前に発行された著作物については、旧法第七条及び第九条の規定は、なおその効力を有する。

旧法第七条は、先にも触れたが、一〇年以内に翻訳出版されなければ、翻訳権は消滅するという十年留保を示している項である。旧法第九条は、期間の計算のしかた、著作者死亡の年や著作物を発行した年の翌年より起算するとした項であった。

つまり、十年留保が、完全になくなるのは、昭和四十六年（一九七一）一月一日以降に発行された著作物で、それらは一〇年経っても翻訳権は消滅しない。それ以前、つまり昭和四十五年（一九七〇）年十二月三十一日までに発行された著作物には、従前どおり翻訳権十年留保が適用され、遡って保護しなくてもよいとされたのである。

この全廃にしないことについて、のちに昭和五十一年、京都で行われた第二〇回国際出版連合（IPA）総会で、イギリスの出版協会よりきびしく抗議されることになるのだが、私たちは、附則第八条があることで混乱が避けられたとして、一応安堵したという記憶がある。少なくとも一九七一年のその年に刊行されたものから一般なみの保護期間になり、それ以前は十年留保で保護期間を計算すればよいからであった。

だが、編集者としても、翻訳権エージェントとしても、さらに著作権コンサルタントとしても、終生その翻訳権十年留保に関わらざるを得なかった。そのなかでも、いちばん、手こずったものに、グレアム・グリーンの作品がある。

早川書房の「グレアム・グリーン選集」は、私が早川在社中に企画したいくつかのなかのひとつである。といっても、グリーンの本格的小説、『ブライトン・ロック』（一九三八）、『権力と栄光』（一九四〇）、『事件の核心』（一九四八）、『情事の終り』（一九五一）は、すでに昭和二十六年（一九五一）から二十七年（一九五二）にかけて、新潮社と筑摩書房が翻訳権を取得して出版していた。

私の入社前に早川書房が翻訳出版していたのは、映画化作品の『第三の男』や『落ちた偶像』、ミステリーとして出版した『密使』『拳銃売ります』のエンターテインメント系の作品ばかりだった。唯一未訳で残っていたカソリック小説は、処女作の『内なる私 *The Man Within*』（原書発行　一九二九）だけだった。

しかも、この作品は、翻訳権十年留保に平和条約による連合国民の著作物に与えられている戦時期間＋六カ月を加算しても、まちがいなく保護期間は切れて権利は消滅している。一点でも翻訳権が消滅しているものがあることは、コスト削減になり、ありがたかった。

私は、第一巻に『内なる私』をもってきて、未だ他社にとられていないグリーンのエンタメの翻訳権を取得し、「グレアム・グリーン選集」七巻を編んだ。『内なる私』は知人の瀬尾裕に翻訳を依頼し、昭和二十八年から刊行を始めた。ところがその刊行の前、思いもかけない手紙が舞い込んできて私を驚愕させた。

手紙は新潮社の出版部からで、*The Man Within* の翻訳権を取得した。早川書房の「グレアム・グリーン選集」に刊行されるとしているが、出版すれば著作権侵害として訴えるといった内容であった。

さっそく新潮社の出版部に電話を入れると、先方は *The Man Within* が復刊されるとき、改訂されたのを知らないのか。そのことは、まえがきに書かれている。最近発行されたばかりだから、翻訳権は消滅していないと言われた。

The Man Within

内なる私（早川書房）

内部の男（新潮社）

私の頭はそのとき、真っ白になった。復刊されたときにまえがきが加えられたことも、そのまえがきに書き直したことが述べられていることも知らなかった。私はあわてて銀座のイエナ書店に駆け込み、『内なる私』の原書を手に入れた。そして巻頭の「作者のノート」に目を走らせた。

短い文章だったが、たしかにグリーンは、処女作が絶望的（hopelessly）出来栄えで文体も独創的でないと自虐的に述べ、新版を出すにあたってけっこう訂正を試みたとしてある。遠い昔のことだが、そこにある hopelessly という単語だけは覚えている。参ったと思った。

だがさらに読むと、修正したのは若々しさがにじみ出ていたところだけであったと書かれ、結局は元どおりとして、コンマひとつ改めないとしたとあるではないか。この「作者のノート」は、流行作家になったグリーンの、顧みて稚拙に思えた処女作の復刊を出すエクスキューズだったのである。

おそらく新潮社の編集者は、翻訳者からグリーンが修正を試みたということを知って、改訂されたと勘違いをし、それで翻訳権を取得したのではないか。ほっとした私は、翻訳権は消滅している、予定通り出版すると書いて、新潮社に送った。

翌年の昭和二十九年、新潮社から田中西二郎訳で『内部の男』というタイトルで出版された。その新聞広告には、「翻訳権独占」と謳ってあったが、早川書房への抗議は、その後一切なかった。

その後、著作権のことがだいぶわかりだした頃に振り返ってみると、改訂版でなく旧版から翻訳しているので、もともと問題になるはずはなかった。新潮社のほぼ同年の編集者とも、若くして翻訳出版にあたったため、大騒ぎをしてしまったのであろう。試行錯誤をけっこうした思い出のひとつでもあった。

このグリーンの『内なる私』は、十数年して、私をまた悩ませることになる。それはタトル商会著作権部に在職していた昭和四十年のことである。当時は、「世界文学全集」が、新潮社の成功を見て大手出版社、河出書房新社、集英社、さらには講談社が参入して競い合った時代であった。

グリーンの『内なる私』は、集英社の「世界文学全集：二〇世紀の文学」第三巻［グレアム・グリーン編］に『もうひとりの自分』（永川玲二訳）と名を変えて、収録されることになった。その巻には、『不良少年』（『ブライトン・ロック』丸谷才一訳）、『戯曲鉢植え小屋』（小津次郎訳）が入るのだが、それらには翻訳権がある。

このような場合、翻訳権消滅の『もうひとりの自分』を除いた他の作品の占める割合で、使用料を案分する条件を提示する。難しいのは、日本の翻訳権十年留保が海外に知られていないことと、説明を受けても納得しないことであった。そのために収録される翻訳権消滅の作品を明示しないで申し込むことを通例としていた。このたびも、『もうひとりの自分』には触れなかった。

案の定、グリーンのエージェントは、収録される他の作品を訊ねてきた。この場合、翻訳権十年留保を受け入れない著者には、翻訳権消滅であっても使用料を払うか、他の翻訳権のある作品を選ぶかの選択をしなければならないことを、前もって出版社に知らせていた。

集英社は、もちろん、使用料の支払いを申し出た。にもかかわらず、意外な展開をみたので私たちは慌てた。グリーンは、『もうひとりの自分』のその巻への収録を拒否していると、先方のエージェントが伝えてきたからである。イギリスでも、復刊した *The Man Within* は、すでに増刷を止めさせ、絶版にしているという。

もし *The Man Within* を収録すれば、全集に予定されている他の作品の翻訳も許諾しないとまで言い添えてきた。グリーンの作品集は、翻訳はほぼ完成し、全集の第三巻として、翌年初めの刊行を予定され、内容見本も広く配布されていた。集英社からはなんとしてでも、説得してほしいと言われた。

翻訳は二次的著作物にせよ、著作者にはそれを許すかどうかの著作者人格権がある。それにそれが障害となって、他の作品の許諾も得られないと大変なことになる。何回となく手紙のやりとりをし、最後には国際電話を利用するなど粘り強く交渉をして、やっとグリーンのエージェントから進めて構わないという返事をもらうことができた。苦い思い出でもある。

このようなトラブルは、十年留保で翻訳権消滅のものとそうでないものとを合わせて編集する、同一作家の全集の一巻やアンソロジーのような複数の著作を編集する場合に生ずる。引き続いた全集合戦にその経験は役に立ったかもしれないが、この保護期間の相違からくるトラブルのなかでは、レアケースであったと思う。

それよりも、問題になったのは、ひとつの著作物の中に、この十年留保を適用できるものとできないものが併存しているケースである。つまり、文章だけでなくイラストや写真が入っている場合で、それらは翻訳と違う保護をしなければならない。この多くは、挿絵入りの児童文学であった。

昭和の翻訳のなかで見忘れられてはならないのが、この海外児童文学の翻訳である。出版全体では、翻訳はマイナーであったかもしれないが、こと児童書においては全く違う大きなウエイトを示している。

その児童文学の翻訳がどのようにされていたのか、著作権法改正前後からの変化にも触れながら次に見ていきたい。

3
紆余曲折した『クマのプーさん』

翻訳出版には、翻訳権十年留保で文章の翻訳権は消滅しても、それに挿入されているイラストや写真の著作権は存続していることがあって、けっこう矛盾や混乱を引き起こした。とくに児童文学はイラストを使用するので、問題になることが多く、私もそれに巻き込まれたこともある。

にもかかわらず、昭和の海外児童文学の翻訳で、その保護期間の齟齬で起きたことがらがあまり伝えられていない。その辺のことを、児童文学者石井桃子が世に送った初めての翻訳として有名なA・A・ミルンの『クマのプーさん』『プー横町にたった家』の翻訳出版の後を追って見ていきたいと思う。

石井が『クマのプーさん』に出会ったのは、彼女が文藝春秋社の編集者時代、犬養健宅に出入りしたとき、ロンドンの知人から彼の子どもたちに送られてきた、その原書をせがまれるま

クマのプーさん　プー横丁にたった家
（岩波書店、写真は昭和37年発行のもの）

まに翻訳して読んで聞かせたのが初めだという。それは昭和八年、犬養健の父、犬養毅首相が暗殺された翌年のことである。

犬養健の子たちに読み聞かせるためだけでなく、石井が翻訳を進めたのは、文藝春秋社の社員時代、知り合った親友の女性の願いでもあったからだという。死の床にあったその友人は、『クマのプーさん』の翻訳の完成を心待ちにしていたらしい。

石井桃子は、文藝春秋社を辞めたあと、山本有三にスカウトされ、美智子皇后が少女時代愛読したという、新潮社の「日本少国民文庫」編集に加わった。編集主任は、のちに岩波書店に入って、石井と深く関わることになる吉野源三郎である。

「日本少国民文庫」を企画した山本有三は、片方でそれぞれの分野の第一人者に子どもたち向けのものを書下ろしさせる一方、世界名作や日本名作では、菊池寛が八八冊刊行した興文社の「小学生全集」やそれと競い合ったアルス社の「日本児童文庫」を参考にしながらも、当時の全集合戦時に見られた粗雑な収録の仕方を反省して、より質の高い教養的なものを選んだ。

とくに世界名作では、世界各国の児童文学に目配りし、今まで未紹介だった作品、たとえばカレル・チャペックの『郵便配達の話』やエーリッヒ・ケストナーの『点子ちゃんとアントン』を収録している。ロマン・ロランの『ジャン・クリストフ』も載せていた。

訳者にも、阿部知二、中野好夫、高橋健二、豊島與志雄、中村白葉など当時求められるそれぞれの分野での一級の文学者や学者を選んでいる。あの頃の軍国主義的風潮にはなじめない企画であったが、知識層の家庭からは歓迎され、増刷を重ねた。

石井桃子が「日本少国民文庫」に携わったのは、昭和九年から十一年までの三年間であったが、彼女はここで、のちの児童図書の作品選定や、いかに子どもたちにわかりやすい翻訳にするかを学ぶことができた。多くの著者との出会いもあったが、なによりも吉野源三郎の知遇を得たことは大きかった。

吉野源三郎は、「日本少国民文庫」編集部が解散すると、岩波書店に招かれて入社し、岩波新書を創刊した。いわゆる出版における「新書」の事始めである。岩波文庫が古典を収録するのに対して、岩波新書は書下ろしを中心として、教養の資《もと》となることを目的として刊行した。

石井桃子は、この吉野に『熊のプーさん』を持ち込み、昭和十五年（一九四〇）に陽の目を見た。石井が『熊のプーさん』の原書に触れてから七年の年月がかかっている。当初は「クマ」でなく「熊」だった「プーさん」は、初版五千部を売り切り、増刷を重ねた。さらに翌々年、石井の訳した『プー横町にたった家』が、追いかけるように出版される。

ここまでの『熊のプーさん』や石井桃子の出会いは、ひとつの作品が世に送り出されるまでの一篇の物語のような感じさえある。だが、『熊のプーさん』は著作物であるという事実が、それにとどまらないその後の運命を辿ることになる。

あまり知られていないが、『熊のプーさん』が出た翌年の秋、一年もたたないうちに内容はおなじだが、タイトルは少し違った『熊のプー公』が新潮文庫で翻訳出版されている。それだけでなく、昭和十七年（一九四二）、おなじく新潮文庫で『プー公横町の家』（五月三日）が、『プー横町にたった家』（六月二十七日）より二カ月近くも先に出版されるのである。

訳者は、いずれも松本恵子であった。私も新潮文庫から『プー』が出ていたことは意外だったが、それよりも松本恵子の名が出てきたのには戸惑ったものである。私が松本の名を覚えていたのは、アガサ・クリスティーやマーガレット・ミラーなどミステリーの翻訳者としてであったからである。

敗戦後、『熊のプー』を待望する声を聞いても、岩波書店からの再発行ができないことを、石井は翻訳権の交渉の相手が見つからなかったためと述べているが、最初の発行時、岩波書店も新潮社も、翻訳権を取っていなかった、いや、翻訳権に限っていえば取る必要はなかったのである。

『熊のプーさん』は一九二六年、『プー横町にたった家』は一九二八年、それぞれイギリスで出版された。一〇年経っての翻訳出版である。旧著作権法の第七条の翻訳権十年留保によって、岩波書店、新潮社が翻訳出版したときは、日本では翻訳権は消滅している。

太平洋戦争がはじまる前後、たとえ著作権があっても交渉がままならなかったし、その頃の所轄官庁であった内務省警保局図書課に供託もしていないと思われる。ジェイムズ・ジョイスの『ユリシーズ』騒動でもわかるように、岩波茂雄は戦前は翻訳権消滅を待って出版していた。『熊のプー公』が新潮社から追いかけるように出版されても、岩波書店は問題にしなかったはずだ。戦前の翻訳出版は、翻訳権が消滅したものや自由なもので、売れる可能性があるものは競訳が出て当然な世界であったからである。出たばかりの『風と共に去りぬ』や『イヤリング』(『子鹿物語』)が、時をおかずに二、三社より翻訳されたような例は多くある。

戦争が激化し、出版用紙が配給制になり、『熊のプーさん』のような本は、不要のものと見做され、絶版になって敗戦を迎える。それ以降占領下は、前述したように翻訳出版は、GHQの管理下におかれた。すべての海外の著作の翻訳は、著者の生存間と死後五〇年間という保護を強いられ、さらにある時期までは入札に応募する以外、直接に交渉することも許されなかった。

石井桃子は、郷里の宮城県で友人と開墾をしながら『ノンちゃん雲に乗る』を書くというきびしい戦後を暮らしていた。岩波書店からは、入社して編集に復帰するよう再三の促しの手紙を貰っていたとき、『プー』の翻訳権を取得したというE社から、石井の翻訳を使うから、上京するようにという便りをもらう（石井桃子「A・A・ミルンの自伝を読む」）。

このE社というのは英宝社で、石井はやっと手に入れた切符で上京して、社長に会ったと書いている。石井は、「戦前の長い期間を、日本ですごし、（そして、戦争中は、イギリスに帰っていたのが、日本が戦争に負けたので、また日本に戻ってきた様子の）イギリス系の人」と記しているのみだが、その社長はJ・R・ブリンクリー（一八八七〜一九六五）である。

ブリンクリーは、イギリス人を父とし、水戸藩士の娘を母として日本で生まれ、小学校は暁星小学部だが、その後は英独仏で学び、ロンドン大学を出た。亡くなったときは、立正大学教授であった。

彼は、戦前日本では英字紙の記者や日本政府の国際連盟嘱託などになったが、第二次世界大戦で母国に帰って参謀少佐となり、戦後は極東国際軍事裁判検事団翻訳課長となって生国に戻ってきた。英宝社は、昭和二十四年八月、英国政府から日本で特別除隊を許されたブリンクリーらが起ち上げた出版社である。

現在は、大学向け英語教科書・英語関連研究書の発行を中心とする出版社になっているが、当初は日英文化交流を目的として創立したこともあって、まずイギリスの新人文芸賞ともいうべきジョン・ルウェリン・リース記念賞の前年度受賞作品、リチャード・メーソン『風は知らない』を翻訳して出版した。

翌年の昭和二十五年から本格的な出版を始めるのだが、その中に石井の訳した『熊のプーさん』『プー横町にたった家』(『プー横町』とした)があった。そればかりか、ケネス・グレアムの『ヒキガエルの冒険』(のちに『たのしい川べ』岩波少年文庫)を石井桃子に翻訳させて出版している。創立時の英宝社の性格を物語るものといえよう。

この『ヒキガエルの冒険』は、『ドリトル先生「アフリカ行き」』とともに、昭和十四、五年のいっとき、石井が知人の女性二人とで始めた出版社、白林少年館出版部が出版した二点のうちの一点である。彼女はこの翻訳を中野好夫に依頼した。

石井は、『ドリトル先生』の方は、井伏鱒二を口説いて翻訳させた。これがのちの『ドリトル先生物語全集』の訳者に、井伏鱒二がなったゆえんである。彼女が本の選定だけでなく、編集者としても優れていたことを示すものといえよう。

英宝社はこの時代、翻訳者に先の『プー』の新潮文庫の訳者の松本恵子を起用している。それからも、石井と松本の『プー』訳は比較検討されたのだろう。『ヒキガエルの冒険』に石井が依頼されたのは、『プー』に見る彼女の児童文学の翻訳の資質を評価されたゆえかもしれない。『ヒキガエルの冒険』の翻訳を石井が中野好夫に代わって翻訳するようになったいきさつはわからないが、A・A・ミルンが愛読して劇化もし、白林少年館出版部で選んで出した『ヒキガエルの冒険』を今度は自身が翻訳できたことを、石井は喜んだはずである。あとがきで「一方ならぬお教えをうけました中野好夫先生に、ここで厚く御礼申し上げます」と結んである。

もっとも石井桃子は、『プー』などこの三点の翻訳権を英宝社が取得したため、岩波書店より重版ができなかったことに複雑な思いをもつと同時に、敗戦までは自由にできた翻訳が占領下に制限が課せられたことに疑問をもったことはまちがいない。「翻訳権がむずかしくなった」と漏らしている。

『ヒキガエルの冒険』は、一九〇八年にイギリスで発行されている。翻訳権は、白林少年館出版部で出版されたときも、この時点でも日本では消滅している。A・A・ミルン（一八八二〜一九五六）は、英宝社の出版時生存していたが、ケネス・グレアム（一八五九〜一九三二）は死亡している。しかし、旧法の死後三〇年を経過していないし、GHQが十年留保を認めずに強いた死後五〇年の保護期間内ではあった。

石井桃子は、英宝社での発行状態を、次のように述べている。

この本が、その形でどのくらいの部数、出版されたものか、私はおぼえていません。E社からは、最初のうち届いていた印税が、すぐこなくなって、困ったということです。

…………

調べてみると、英宝社は、昭和二十八年から二十九年にかけて一年以上、出版を停止している。再開しても、がらりと方針を変え、日本の作家論シリーズや英米文学研究書にウエイトを置くようになっている。

おそらく、昭和二十年代後半、日本の多くの出版社を襲った危機から英宝社も免れられなかったのではないだろうか。金融引き締めと日本出版配給株式会社の解散の影響が、戦後雨後の筍のように多く出た出版社を倒産に追いやったが、その頃になるとその影響が老舗をはじめ中堅の書籍出版社にまで及び、会社更生法による再出発が相次いだ。

プー横丁にたった家（岩波少年文庫）

石井桃子は『プー』が英宝社で出版されたその昭和二十五年、吉野源三郎や専務の小林勇の勧誘を受け入れ岩波書店に入社する。だが、石井が創刊した岩波少年文庫に『クマのプーさん』を取り戻して収録したのは昭和三十一年、『プー横丁にたった家』は昭和三十三年である。

石井は、それには「紆余曲折」があったと言っているが、「安堵したという以外覚えていない」。それほど戦後は「あわただしい時代であった」としか語らないが、それは何だったのだろうか。

その頃イギリスの著作権は、占領下の窓口であったブッシュ事務所を引き継いだブリティッシュ・リテラリー・センター（ＢＬＣ）が扱っていた。そのＢＬＣが契約時に出版社が支払った前払金を権利者に送金しないで倒産するという、昭和三十年頃、日本の出版界を揺るがせた事件があった。

多くの出版社に、イギリスの著作権者から支払ったはずの前払金を再請求する手紙がひんぱんに舞い込み、慌てさせた。もっとも、契約書に著作権者の代理人であるＢＬＣに支払ったとき契約が成立すると明記してあったことを日本側は主張して、ほどなく騒ぎは収まった。

「紆余曲折」とは、そのＢＬＣの倒産だけではなかったはずである。英宝社から『プー』の石井の翻訳引き上げにともなうひと悶着、それには翻訳権は消滅しているにもかかわらず、占領下とおなじように権利を取得せざるを得なかったことなども含まれていたのではないだろうか。

4　『ドリトル先生物語全集』と『大草原の小さな家』

倒産したブリティッシュ・リテラリー・センター（BLC）の扱った翻訳権はすべて、ジョージ・トーマス・フォルスター事務所が引き継いだ。さらにフォルスター事務所が翻訳権仲介から手を引き、それをタトル商会に譲渡した。昭和三十二年（一九五七）のことである。

そのなかには、『クマのプーさん』が含まれ、『プー横丁にたった家』は、タトル商会経由で契約された。だが、当時の私は、『プー』のそれまでの事情を知る由もなかった。

また私が、児童文学にある文章とイラストの著作権の保護期間の相違問題に気がつくのは、その引きついだ時点より、さらにあとである。昭和三十六年の『ドリトル先生物語全集』を刊行するにあたって、岩波書店渉外課の瀧口充子が「日本語版」出版権を申し込んできたときであった。

すでに何点かの「ドリトル先生」ものが、岩波少年文庫に入っていたし、講談社もおなじ井

ドリトル先生航海記（岩波少年文庫）

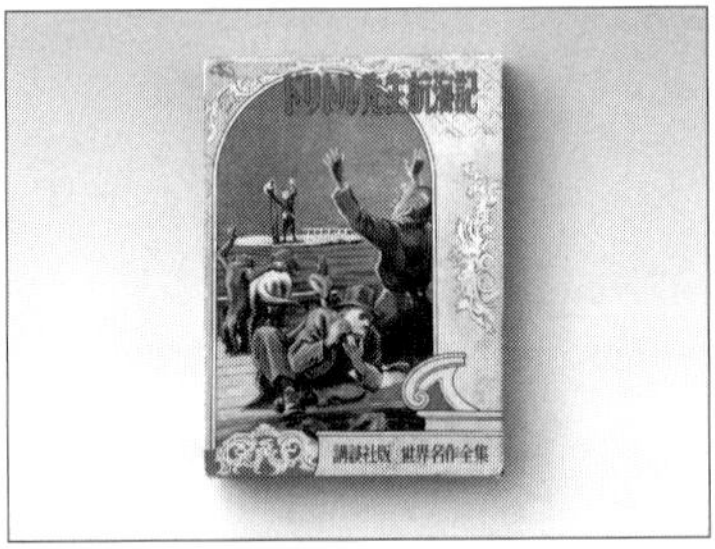

ドリトル先生航海記（講談社）

伏鱒二訳を世界名作全集に収録しているが、権利を取ったとは思えなかったので、私は不思議に思った。「ドリトル先生」は、死後公表の二点を除いてすべて翻訳権が消滅している。その二点も、カナダと同時公刊して戦時期間を加算されていればであった。

瀧口に訊ねると、「日本語版」と断って権利を取るのは、「ドリトル先生」にあるロフティング自身のイラストを「全集」で使用するからだという説明を受けた。私はそこで初めて、翻訳権は消滅するも、イラストの権利が存続するケースを知ることになる。

私はそのとき、本文と挿絵の著者が同一の「ドリトル先生」にかぎらず、岩波書店は原作に忠実を旨とし、原書に挿入されているイラストは不可分のものとして使用していることを知った。翻訳権が消滅していても、日本で独自のイラストを描かせることはなかった。

だが、イラストの使用は、翻訳ではなく複製で、翻訳権十年留保の適用は受けられない。当然、海外の著作権者の許諾を得なければならない。岩波書店は、イラスト権を含む日本語版の出版契約をしていたのである。

私は出版社にいたとき、A・A・ミルンのミステリー『赤い館の秘密』の翻訳権をチェックしたこともあって、ミルンの翻訳権は消滅していると考えていた。そこで岩波書店が、『クマのプーさん』や『プー横町にたった家』の出版契約をしていることを不思議に思っていたので、その謎が解けた気がした。

『プー』にはアーネスト・ハワード・シェパード（一八七九〜一九七六）のイラストが入っている。当然、イラストの著作権は存続している。イラストは、本文の内容に即して描かれる。そのイラストの権利を取る以上、権利が消滅していても、倫理的に本文の翻訳権を取るというのが、岩波書店の姿勢だと私は、解釈し評価もした。

事実、『ドリトル先生物語全集』のあと、『クマのプーさん』と『プー横町にたった家』の合本の契約も、従前どおりに翻訳出版の契約がなされた。私は、戦前の『プー』の岩波書店版や新潮社版、それから岩波少年文庫版や講談社の世界名作全集の「ドリトル先生」ものが、権利を取らずに出版されたのは、イラストを使用しなかったためとして納得したものである。

だが、それからまもなくの昭和三十八年、私は意外な対応を受けて当惑した。それは、石井桃子訳の『ヒキガエルの冒険』（『たのしい川べ』）の岩波少年文庫での復刻でのひと悶着である。

『たのしい川べ』(一九〇八) には、『プー』とおなじくシェパードのイラストが入っていた。翻訳権はもちろん消滅している。岩波書店は、シェパードのイラストの権利のみ取得したいので、翻訳権は消滅していることを伝え、低額の料率にしてほしいと申し出てきたからである。

奇しくも相手は、『プー』とおなじくロンドンのエージェントのカーティス・ブラウンであった。案の定、カーティス・ブラウンは、ケネス・グレアムの翻訳権使用料を含めなければシェパードのイラストの使用は認めないという強硬な返事だった。

グレアムの死亡は、一九三二年、当時の著作権の保護期間は著者の死後三〇年である。岩波書店は昭和三十八年(一九六三)の出版を予定していたので、本来ならば著作権は消滅しているはずであった。だが、戦時期間が加算されるからさらに一〇年四カ月二〇日ほど延びる。またイギリスは、すでに死後五〇年に延長していた。

私たちは、岩波書店の意を受けて、日本では翻訳権が消滅しているので、シェパードのイラストを使用しない他社の翻訳が出ることもあり得るとして、イラストだけの契約にしてほしいと説得を繰り返したが、先方は態度を変えなかった。しまいには翻訳権十年留保自体を批判してきた。

のちの昭和五十一年(一九七六)、京都で開かれた第二〇回国際出版連合総会で、イギリスの代表R・E・バーカーは、「一九七一年の著作権法の発効とともに、この十年留保ときっぱり訣別することがのぞましかった」と痛烈に非難している。イギリスの出版社は、以前から日本の翻訳権十年留保は問題としていたのかもしれない。

岩波書店の児童図書編集部は社にまで訪ねてきて、私たちの交渉を批判した。ベルヌ条約で認められている翻訳権十年留保を、理解させる努力が足りない、日本の国益を守らないかという趣旨だった。だが、イギリス側は、イラストを入れずに翻訳自由で岩波書店が出版することに異議を言いたててきたわけではない。

私は、契約の条件の問題であって、それをのんで出すか、シェパードのイラストを外して出版するかの選択だと答えざるを得なかった。その返事にあきたりなかった編集者は、イギリス大使館にまで陳情に及んだという。

もちろん、イギリス大使館が民間の契約にくちばしを入れるはずはない。岩波書店は、いつもの児童文学の日本語版出版契約の条件を受け入れて契約した。そのとき私は、『ドリトル先生物語』や『プー』の契約に見る姿勢とあまりにも落差があるのが不思議でならなかった。

だが戦前に遡って調べてみると、わかったことがある。岩波書店、新潮社の『プー』には、使用されていないと納得していたシェパードのイラストが、どれにも挿入されていたことである。にもかかわらず、イラストの権利を取った様子はない。おそらく、イラストだけの権利を取るのは不可能であったのであろう。

それればかりか、戦後も、全集以前の「ドリトル先生」ものの岩波少年文庫や講談社版はすべて、著者のロフティングが描いたイラストを使用していた。しかもそれらは、占領下の『ドリトル先生アフリカ行き』を除いて、権利を取ることなく出版されていた。

石井桃子たちの白林少年館出版部もおなじであったであろう。のちに岩波少年文庫に入る『ヒキガエルの冒険』(『たのしい川べ』)も、シェパードがイラストを描いているのに、その許可を得て出版された気配がない。

考えられるのは、戦前は岩波茂雄の基本方針のように、日本の出版社の多くは、翻訳権が消滅するまで出版を見合わせた。つまり、海外と交渉して契約することを避けるとともに、著作権侵害を起こさないよう留意した。その留意の中に、イラストが外されていたのである。

その流れを受けて、占領期間中ならとにかく、翻訳権が消滅しているにもかかわらず、イラストを使用することで『プー』の翻訳出版契約を結ぶことに、岩波書店には抵抗があった。また結ぶにしても、『たのしい川べ』のときに主張したように、それは低率なもの、あるいは一回きりのイラスト使用料としたかったと思われる。

だが、イギリス側は、翻訳権使用料を含めない契約に応じなかったことは、その後の『たのしい川べ』の交渉から推測できる。それが石井桃子の漏らした『クマのプーさん』の復刊の「紆余曲折」だったのではないだろうか。

のちにテレビシリーズ化され、日本でも放映された「大草原の小さな家」の原作、ローラ・インガルス・ワイルダー（一八六七～一九五七）の「インガルス一家の物語」も、翻訳権は十年留保ですべて消滅していたが、イラストを描いたガース・モンゴメリー・ウィリアムズ（一九一二～一九九六）の著作権は存続していた。

その「インガルス一家の物語」を日本で一番先に翻訳出版したのは、岩波書店である。『長い冬』が昭和三十年、『大草原の小さな町』が昭和三十二年に「岩波少年文庫」に入った。岩波書店は、アメリカの版元ハーパー社と契約したが、イラストだけでなく、消滅した翻訳権を含めた日本語版としてである。

大きな森の小さな家（福音館書店）

大きな森の小さな家（福音館文庫）

『たのしい川べ』の復刊にイギリス大使館にまで陳情して、イラストだけの契約にこだわった編集者が、なぜそれらと翻訳出版契約を結んだのかという疑問は残る。ひとついえるのは、岩波書店は、『クマのプーさん』の再発行の契約で、それまでイラストの権利を無視していたことに気がついた。『長い冬』らは、その時点の契約である。

とはいえ、翻訳権消滅の本文に使用料を支払うのには抵抗があったのだろう。『たのしい川べ』のひと悶着は、『プー』の合本の契約の直後である。岩波少年文庫の創立時から関わった編集者は、石井桃子とともにGHQによる占領下の五十年フィクションや、『プー』の「紆余曲折」を味わっていたので、それを糾《ただ》そうと思ったのではないか。

十数年もあいだを置くが、昭和四十七年から福音館が「インガルス一家の物語」の第一巻『大きな森の小さな家』以下四点を翻訳出版する。すべて岩波書店とおなじく、イラストを含む日本語版独占としてである。

このシリーズは、アメリカのNBCによって「大草原の小さな家」として、一九七四年にテレビドラマ化され、日本でも昭和五十年（一九七五）からNHKにより放映された。岩波書店も未訳の『この楽しき日々』（昭和四十九）、『はじめの四年間』（昭和五十）を刊行して、「インガルス一家の物語」九巻は完結する。

これら『プー』にせよ、「インガルス一家の物語」にせよ、イラストのみの契約なのに、他社の編集者はイラストを独自に描かせて競訳を出版しなかったのはなぜだろうか。出版社が原作に忠実をモットーとしている岩波書店や福音館であることから、本文と挿絵とは不可分で、編集著作権、もしくは著作者人格権を侵す危険があるのではないかと錯覚したものとも思われる。

また、昭和四十六年（一九七一）以降は、著作権法改正で旧法七条の翻訳権十年留保の条がなくなった。福音館版は、その著作権法が施行されて以後の出版である。翻訳権十年留保が完全になくなったと勘違いした可能性もあるが、それはないだろう。

日本のイラストレーターを起用して、翻訳自由で「インガルス一家の物語」の講談社版『大きな森の小さな家』『大草原の小さな家』が出版されたのは、一九八二年、岩波書店版が出てから二七年後、福音館版よりは一〇年後である。『プー』にいたっては、A・A・ミルンの著作権（＋戦時期間）が切れる今年（二〇一七）の五月までの長い年月、他社から他のイラストを使った翻訳出版がなされることもなかった。

大草原の小さな家　新装版
（講談社青い鳥文庫）

この間、原作に忠実に完訳を目標として編集された「少年少女世界の文学」全二四巻別巻二巻（河出書房、昭和四十一年～四十三年）は、『赤毛のアン』に曽野綾子、『昆虫記』に大岡信を使うほか、阿部知二、川端康成から中村真一郎、丸谷才一、さらに児童文学からは神宮輝夫を起用するなど画期的なものであった。イラストは、日本の画家を用いた。

これには、『クマのプーさん』も翻訳自由として当初予定されていた。だが『ドリトル先生物語』は収録したが、『プー』は断念した。この全集を編集した佐藤一は話さなかったが、おそらく、岩波書店と石井桃子の既訳をおもんぱかったのだろう。

講談社は、日本のイラストレーターによる翻訳自由版を出したあと、一九五三年以前の版に使われていたヘレン・シーウェルのイラストによる「インガルス一家の物語」の翻訳出版契約を結んで、逆に文章の部分は翻訳自由でだれとも出版契約ができるのを示した。

このように翻訳権十年留保による文章とイラストの保護期間の相違は、大きな矛盾と無用な混乱を引き起こした。だが、翻訳出版契約と思われて、「インガルス一家の物語」は、最短でも一〇年間は独占して出版することができた。その結果、それぞれ何十刷かの増刷を可能にして、出版社に大きな果実をもたらしたことは間違いない。

翻訳権十年留保は、たしかに明治以降、日本の翻訳出版に大きな貢献をした。一方、独占と非独占の視点から、翻訳権十年留保を見ることに欠けていたと思う。その点、『プー』やその他の児童文学の翻訳の変遷は、その必要を教えてくれたものといえるのではないだろうか。

5 『シートン動物記』と二度の差し止め請求

本文とイラストの保護期間の相違が、児童文学の翻訳で見た著作権処理の問題にとどまらず、裁判沙汰にまでなった事件が昭和三十一年に起きた。評論社から翻訳出版されロングセラーを続けていた内山賢次訳『シートン動物記』である。

どのようないきさつがあったのかまったく知らないが、評論社は内山賢次の訳を竜口直太郎に代え、内山賢次は自身の訳を新潮文庫から出そうとした。『シートン動物記』の翻訳権は、十年留保によってすでに消滅している。いずれの社からも翻訳出版はできる。

ところが評論社が裁判所に著作権侵害として新潮文庫の差し止め請求をし、それが認められたため、新潮文庫は発行が不能になった。すでに製本段階まで進んでいたので、新聞に報じられると出版界は驚きもした。内山賢次と評論社とは、社長が内山の子息の仲人をしたぐらい親しかったと伝えられていたからだ。なぜ著作権侵害なのか、詳しく報じられなかったのでなおさらであった。

当時は、『シートン動物記』といえば内山賢次の名が浮かぶほど、彼の翻訳は知れ渡っていた。事実、内山賢次がシートンの「動物記」を紹介したのは、遡って昭和十年、平岩米吉主宰の『動物文学』に掲載したことから始まる。さらに全六巻の『動物記』を編み、昭和十二年より白揚社に逐次翻訳出版をさせている。敗戦後、評論社が出版したのは昭和二十六年。それから五年も経っている。

私がそれに関わったのは、内山賢次が毎日新聞の記者でチャーチルの『第二次大戦回顧録』の訳者、佐藤亮一に伴われて、タトル商会著作権部を訪ねてきたからである。それで初めて『シートン動物記』の日本語版の由来やら、新潮文庫が発行寸前、差し止められた理由を知った。

内山は私に、『シートン動物記』の資料集めや、いまのような巻数にまとめる苦労を話し、翻訳権は消滅していることを強調した。昭和二十六年に評論社が翻訳出版権を取得したのは、GHQによる五十年フィクションによるもので、止むを得ず契約したものである。ところがその契約をもとに、評論社はシートンの描いたイラストの権利を主張して、差し止め請求をしたのだという。

そのシートンの描いたイラストが挿入されないと、『動物記』の魅力は少なからずなくなる。なんとかイラストを入れて他社から出せるよう協力してほしいというのが、内山賢次の相談であった。

初めて私が経験した本文とイラストの保護期間の相違によるトラブルであった。だが、イラストは複製であり、シートン（一八六〇〜一九四六）は連合国（イギリス）国民であるから、当時でもその死亡年の翌年から計算して死後三〇年＋戦時期間で、一九八七年の五月二十二日まで著作権が存続する。

占領下その契約を結ぶ交渉に、内山賢次がいかに苦労したにせよ、イラストを含めた翻訳出版権は契約の当事者である出版社にある。翻訳権はなくとも、イラストの独占使用権は存続する以上、それを除かない限り出版はできない。内山賢次には気の毒に思ったが、私が力を貸せるものではなかった。

やむなく新潮社は、そのイラストをはずして出版した。のちにも他社から内山訳やその他の訳で『シートン動物記』は出版されたが、いずれもシートンによる挿絵を省いたものである。それらは、内山が危惧したように、その魅力をそぐものであったことは確かであった。

たしかに内山がその挿絵にこだわったように、戦前の『動物文学』や白揚社版のいずれにもシートンによるイラストが掲載されている。内山は、その資料を集めるために著者と文通もして許しを得たと主張していたが、イラストに著作権があるという認識がなく、戦前、シートンからその使用の許諾を得たとは思えない。

その戦前のことであるが、『シートン動物記』の翻訳出版では、裁判にもなるトラブルがあった。訳者内山賢次と白揚社は、金の星社の『シートン動物物語』を、内山の翻訳著作を侵害したとして差し止めと損害賠償を要求したものだが、昭和十九年の裁判では勝訴している。金の星社が原書から新たに児童向きに翻案したと主張したのに対して、裁判所は、白揚社版の「僅少な修正または増減変更」にすぎず、内山賢次に対する著作者人格権侵害、また出版権を設定されている白揚社に対する出版権侵害であるとした。そして金の星社に、内山への謝罪広告、白揚社へは一〇五〇円の損害賠償金を課している。

だが、当事者だけでなく裁判所も、原著者シートンのイラストの複製の侵害にはまったく触れていない。翻訳権は消滅していたが、シートンがアメリカ国籍であったか、生国のイギリス人であったかに関わらず、イラストの権利は存続していた。

おそらく戦前は、『熊のプーさん』『ヒキガエルの冒険』『ドリトル先生物語』に見られるように、翻訳権が消滅したかどうかはチェックされたが、イラストについてはその著作権の有無が無視されていた。それが五十年フィクションで翻訳権十年留保が認められず、契約を強いられた結果、初めてイラストの著作権の保護が浮かび上がってきたというのが真相ではないだろうか。

この判決はイラストの著作権に踏み込まなかった以外に、もうひとつの保護期間の違う著作権侵害も看過していることに気がつく。金の星社が主張している原書からの翻案も、著作権を侵害していたことである。翻案であれば、これまた翻訳権十年留保が及ばず、当時であれば著者の死後三〇年まで、著作権が存続していたはずである。

もちろん、裁判は原告が訴追したことだけを判示するものである。また、翻案、イラストの権利者シートンは、原告に加わっていない。そもそもシートンに、内山が知らせたのかという疑問が残る。だが、金の星社が翻案だと主張して、著作権侵害ではないとしたのには、相応の理由があった。旧著作権法は、次のように定めていた。

第十九条〔改作物〕原著作物ニ訓点、傍訓、句読、批評、註解、附録、図画ヲ加ヘ又ハ其ノ他ノ修正増減ヲ為シ若ハ翻案シタルカ為新ニ著作権ヲ生スルコトナシ但シ新著作物ト看做サルヘキモノハ此ノ限ニ在ラス

……………………

昭和十九年の『シートン動物記』の裁判は、これに基づいて下されたのであろう。昭和四十六年（一九七一）より施行された新著作権法の立法者である佐野文一郎は、次のように述べている。

「旧法の十九条というのは、実はちょっと書き方がおかしいのです。本当をいえば、これは、

著作物に全く新規の著作物になるに至らないような翻案や修正増減を加えても、やはり無断複製になることを明らかにし、それによって、翻案権をいわば裏から規定しようとしたものであるはずであった」(『新著作権法問答』佐野文一郎・鈴木敏夫共著、新時代社、一九七〇)。

この旧法の翻案に対する不完全な規定、あるいは翻訳と抄訳・翻案の差が明確でなかったことが、イラストとおなじく翻案についても、翻訳権十年留保で権利消滅としたのだろう。しかもそれは戦前のみならず、戦後も長らく続いた。

昭和の初頭、北原白秋の弟、北原鉄雄のアルスの「日本児童文庫」と熾烈な全集合戦を行った菊池寛・芥川龍之介編集、文藝春秋・興文社の「小学生全集」の翻訳物のなかには、翻案と見做されれば、著作権が生じたものに次のようなものがあった。当時は、死後三〇年であった。

『クオレ』エドモンド・デ・アミーチス（一九〇八年没）
『少公子』バーネット（一九二四年没）
『ジャングル・ブック』キップリング（一九三六年没）
『家なき子』マロ（一九〇七年没）
『ピイタア・パン』バリー（一九三七年没）
『青い鳥』メーテルリンク（一九四九年没）

これらのうち、『クオレ』や『家なき子』を除いた著作は、長きにわたって翻案権は存続した。多くの出版社から出された『小公子』などは、『小公女』とともにその後も、保護期間＋加算戦時期間のなか、何度となく多くの出版社より抄訳・翻案されている。

また、この「小学生全集」のみならず、海外ものが少ない「日本児童文庫」にも収録されているものに「名探偵シャーロック・ホームズ・シリーズ」がある。これなど後述するが、数多く子ども向きに抄訳・翻案されている。

さらに遡って、明治・大正の時代の翻訳状況を見れば、多くの翻訳ならぬ翻案が出版されている。黒岩涙香、森田思軒などその当時を代表する翻訳者の翻訳は、抄訳ないしは翻案と言ってよいだろう。

戦後においても、その旧法のもと翻案が盛んに出版されていた昭和二十五年、岩波書店の「少年文庫」は、その発刊の辞の中段で、日本ではグリム、アンデルセンの作品をはじめとしておびただしい数の海外児童文学の名作が紹介されているが、少数の例外を除いて杜撰《ずさん》な翻訳が看過され、ほしいままの改刪《かいさん》が横行しているとし、次のように述べている。

……

私たちがこの文庫の発足を決心したのも、ひとつには、多年にわたるこの弊害を除き、名作にふさわしい定訳を、日本に作ることの必要を痛感したからである。翻訳は、あくまで原作の真の姿を伝えることを期すると共に、訳文は平明、どこまでも少年諸君に親しみ深いものとするつもりである。この試みが成功するためには、粗悪な読書の害が、粗悪な間食の害に劣らないことを知る、世の心ある両親と真摯な教育者との、広範なご支持を得なければならない。

この「岩波少年文庫発刊に際して」の執筆者は、本文庫の創刊に尽力した吉野源三郎とされているが、石井桃子との共作と見たほうが正しいと思う。発刊時の編集者中村妙子は、石井桃子より「世界の児童文学の古典を正しく伝えて、現代各国の新鮮な傑作を紹介して、在来の日本の翻訳児童書にあった杜撰さを改めて、正確で美しい日本語の決定訳を作ること」をいまでも暗記しているほど叩き込まれたという（尾崎真理子『ひみつの王国——評伝石井桃子』新潮社、二〇一四）。

もっともこの定訳、完訳は児童文学に求めたもので、古典や世界名作を児童ものにすることまで禁じたものでないことは、「岩波少年文庫」に、『ジャン・ヴァルジャン物語』や『三銃士』『ガリヴァー旅行記』『西遊記』が入っていることでも明らかである。また石井桃子が編集し、自身訳してもいる「岩波の子どもの本」は、判型が統一され、文章も既定の頁数に収まるようにされているため、抄訳したものも出版していた。

　この石井桃子の定訳への志向は、福音館書店が昭和四十三年に、『十五少年漂流記』として数多く抄訳、再話されてきたジュール・ベルヌの『二年間の休暇』を完訳することで決定的なものにした。それ以降、完訳主義を旗印にした岩波書店と福音館の海外児童文学の翻訳書は飛躍的に伸びることになる。

　しかし、それにとどまらず、『レ・ミゼラブル』『三銃士』を含めて、すべての名作の再話、抄訳を禁ずべきだという、翻案についての強烈な反対まで起きるに至った。それを推し進めたのは、岩波少年文庫の編集にも加わったことがある当時大学教授であった鳥越信である。

　長く岩波少年文庫の編集に携わった児童文学者いぬいとみこは、鼎談で鳥越信の意見に反対しているが（「再話について考える」『日本児童文学』昭和四十八年四月号）、鳥越などの運動により、抄訳や再話は次第に「悪い本」にされていく。そして、それにとどめを刺したのは、シャーロキアン、小林司・東山あかねの「名誉棄損で告発にふみきったシャーロック・ホームズ氏」（『本の雑誌』昭和五十三年十月号）である。

　小林司・東山あかねは、コナン・ドイルの「シャーロック・ホームズ」の子ども向け翻訳について、誤訳をはじめとして、創作に近い翻案があることを、一二の翻訳、翻案を俎上において具体的に指摘して告発した。たしかにそのなかには、あきらかに著作者人格権侵害にあたる改作ともいうべきものもあった。

だが、鳥越信から始まって小林司・東山あかねに至るまでの批判よりも、出版社が児童ものの抄訳、翻案の出版に躊躇しだしたのは、昭和四十六年から施行された新著作権法の理解が進んだことによることが大きかった。現行著作権法は旧法の曖昧さを排して、次のように翻案権が著作者にあると明示している。

第二十七条　著作者は、その著作物を翻訳し、編曲し、若しくは変形し、又は脚色し、映画化し、その他翻案する権利を専有する。

…………

翻訳か抄訳か翻案かという問題があるが、翻訳の場合を除いて十年留保は適用されず、リライトによる最少の修正であっても、複製権や著作者人格権に触れる可能性があるし、リトールドは翻案であり、いずれも許諾を必要とする。

それ以降、出版社は、ミステリーの児童向け抄訳の権利を取った数点を除いて、著作権の消滅しない海外著作のリトールドものはもちろん、抄訳も出すことはなくなった。それだけでなく、著作権消滅の世界名作ものも鳴りをひそめてしまった。

先の鼎談で、鳥越信は、古典や名作の原作に優る再話はない。長じて原作を読み、再話を読んだことに後悔する。本嫌いの子どもはいない、子どもを取り巻く環境に完訳本があればその成長に応じて読書すると述べていた。それが昭和四十年代から五十年代に盛んであった親子読書、一五分間読書運動、子どもたちのためのブックリスト作りなどの読書運動に結びついていき、世界名作は悪書として排除されたのだろう。

一方、いぬいとみこは、現代児童文学の抄訳や翻案には反対だが、古典のみならず、二〇世紀文学に欠ける骨太のロマンがある一八、一九世紀の文学は、よい再話として子どもたちに読まれてよいとしている。筋立ての大きい、内容的にも子どもに愛される要素をもつ大人の古典は、子ども向きによい形で紹介されるべきだというのが石井桃子の考えだったという。

だが、敗戦まもなくということもあって、高い志を謳ったにせよ、「粗悪な読書の害が、粗悪な間食の害に劣らない」とする岩波少年文庫の発刊の辞は、その後の世界名作の発行をひるませたことは事実であろう。

たとえ本嫌いの子どもはいないとしても、文学の好きな子もあればエンターテインメントを好む子もあれば、理系の本に興味をもつ子もあろう。要は、活字に親しませ、活字が作り出す世界を楽しませることが大切だったはずである。

しかも大人になっても原作を読むとは限らない。また抄訳から入って原作を読み、失望するとは限らないし、感動する場合もある。世界名作のリライトものの質こそ問われはするものの、

「粗悪な読書」の基準があるのかその疑問はつきない。いえるのは、多くの読書運動があったにもかかわらず、読書離れが進んだことである。

日本からは撤退したが、アメリカには「リーダーズ・ダイジェスト」や「コンデンスド・ブック」を出す抄訳の文化があった。また、英米では、グレイドに応じて使用語数を制限し、やさしく表現して抄訳する、ピアソン・イングリシュ・リーダーズなどが子どもたち向けに出ている。これらには、著作権存続のものが多くある。

日本の場合、読書運動におもねっただけでなく、抄訳や再話を避けたのには、著作権侵害を避ける一方、権利を取ってまでして出版をあえてしない、出版社の抜きがたい姿勢が垣間見られる気がしてならない。

振り返ってみて翻訳権十年留保が、明治から昭和にかけて海外の著作物の翻訳に大きな役割を果たし、日本の文化に計り知れない貢献をしたことは否めない事実であろう。学術専門書だけでなく、私の経験からエンターテインメントであっても、しかりであった。

だが、昭和の翻訳出版が数々直面した翻訳とイラスト、翻訳と翻案に著しく見られる保護期間の相違は、大きな矛盾で正常な出版を歪めるものであった。さらに電子書籍における送信可能化権に翻訳権十年留保が及ばないことが、いま追い打ちをかけ、その前に日本の出版社は躊躇している。

日本とおなじく翻訳権十年留保にこだわったオランダは、ブラッセル改正条約（一九四八）で、独占して利益を得るという選択から、それを放棄した。また一九九〇年代、東アジアの国のほとんどが、北朝鮮まで含めてベルヌ条約に加盟した。*注1 それは貿易障壁をなくすWTO（世界貿易機関）協定で、著作権が取り上げられてベルヌ条約なみの保護を強いられたためで、義務だけでなく権利も主張できるベルヌ条約加盟を選んだからである。

だが、それらの国は開発途上国に与えられる翻訳権十年留保の恩恵を取らず、教育利用のための翻訳に与えられる強制許諾を選んだ。*注2 いま一九七〇年以前のものとはいえ、翻訳権十年留保を残しているのは、アジアでは日本のみである。

東アジア諸国との著作権取引が活発になっただけでなく、ウェブ上では、国境を越えてグローバルに利用されている現状がある。権利の消滅を待つか、権利を取って独占するか、変貌し続けるメディアへの対応を考えるうえで、昭和の翻訳出版トラブルから学ぶことが多いと思う。

*注1　一九九〇年代からの東アジア諸国のベルヌ加盟状況
マレーシア　　一九九〇年一〇月

中国　一九九二年一〇月
韓国　一九九六年八月
インドネシア　一九九七年九月
モンゴル　一九九八年三月
シンガポール　一九九八年一二月
バングラデシュ　一九九九年一〇月
マカオ　一九九九年一二月
北朝鮮　二〇〇三年四月
ベトナム　二〇〇四年一〇月
ブータン　二〇〇四年一一月
ラオス　二〇一二年三月

インド（一九二八）パキスタン（一九四八）フィリピン（一九五一）スリランカ（一九五九）は、それ以前にベルヌ条約に加入している。一九三一年にベルヌ条約ベルリン改正条約に加入し、翻訳権十年留保をしていたタイは、一九九五年パリ改正条約に加入するとき十年留保放棄。

＊注2　パリ改正条約付属書第二条（翻訳権の強制許諾）。使用料で著作権者と決着を見ない場合、教育利用に限って供託して使用できるとした開発途上国のベルヌ条約加入を促した条項。

おわりに

アメリカは一九八九年三月一日、国際著作権条約であるベルヌ条約に加入した。そのときというのは、奇しくも昭和天皇が一月に崩御し、平成元年が始まってまもなくであった。やっと私の「昭和の翻訳権」問題が終わったという感慨に浸ったものである。

「昭和の翻訳権」問題に、私は編集者としても、翻訳権エージェントとしても振りまわされもし、懸命に対応もした。それは日本の出版社がこだわった翻訳権十年留保であったり、アメリカの身勝手な著作権法制であったり、サンフランシスコ平和条約による唯一の賠償である戦時期間加算であったりしたが、周囲から見れば私の苦闘は、ひとり相撲のように見えたかもしれない。

戦前は、新聞報道のように翻訳は九九％までが条約を無視して無断で翻訳がなされていたと見られていた。占領下は、日本人は外国人と違って権利に対する観念が薄く、翻訳書を発行にあたって、原著作権者のから許可を得ていた例が少なかったという、出版界自身の認識があった。

仔細に見ていくと、戦前日本の出版界は、条約を無視したのでなく、著作権法に則って、「九九％」翻訳権が消滅するのを待って翻訳出版していた。また占領下では、ＧＨＱの出版統制によって、翻訳権の消滅しているものも契約を強いられ、無断翻訳として取り締まられた。

そのような思い込みやら洗脳と強制によって、平和条約発効後は、アメリカとの内国民待遇の解釈の違いも重なり、逆に私が名づけた「無断翻訳伝説」によって、翻訳権を侵害する無断翻訳が生じたのをはじめ、その他の多くの混乱を招いた。

私の翻訳権エージェントとしての初期の十数年は、この対応に追われる年月であった。その頃は、セミナーなどによる文部省の指導もなかった。頼ったのは日本著作権協議会の著作権相談だけで、著作権協議会と文部省との意見は、万国著作権条約批准でも著作権法改正でも対応が分かれたように、意思の疎通がうまくいっているように思われず、戸惑うことも少なからずあった。

戦前、著作権行政をしていたのは、特高警察を管轄し、言論出版を統制していた内務省警保局であった。おそらく海外の著作権保護のための正しい翻訳権知識の普及にそれほど力を入れたとは思えない。むしろ、官民ともに、海外の著作の翻訳は自由になされるべきだという考えが、根底には流れていたはずである。

それには、ベルヌ条約加入がもともと幕末の不平等条約の改正のために強いられたことが挙げられる。しかも創設まもないその頃のベルヌ条約は、アメリカもロシアもそれに加入せず、ヨーロッパ諸国が結んだ著作権条約で、極東での加盟は語源語系も違う日本ただ一国だけであった。そのため、海外の著作物の翻訳権を保護することには少なからず抵抗があったといえよう。

その内務省が、敗戦後、ＧＨＱ（連合国軍総司令部）によって解散された。主要な組織は警察庁に移って行ったが、著作権はその前に文部省に移管された。しかも占領下は、ＧＨＱによる超法規の著作権統制がなされ、文部省の出番はなかった。文部省が著作権行政にしっかり取り組み始めたのは、昭和三十年代半ばから始まった著作権法改正作業からである。

この事件簿で取り上げられたものが昭和三十年代でほぼ終わっているのは、そのことにも理由がある。それ以後については、一九七一年より施行された改正著作権法を、官民が普及に努めたので、著作権保護の環境は広く厚くなった。だが、それまでは私は、自分が遭遇した事件によって、その都度学んでいかねばならなかった。

だが、昭和の初期、私を含めて出版に生きた人たちが経験せざるを得なかったそれら著作権トラブルは、多くの関係者が鬼籍に入る一方、現行法が施行された一九七一年以後に生まれた人たちが、いま現役の主体となっているとき、いずれは忘却の闇の中に消えていくのは必定であった。

しかも昭和初期の翻訳出版は、マイナーな存在であった。また、最近の翻訳出版状況からも読み取れるように、ロングセラーの海外の著作は、つぎつぎに改訳がなされ、初訳の訳者の名は消え、同時にそれらの本の紹介時の経緯まで知られなくなっていっている。

本書の執筆は、その翻訳者について書いた私の『新編戦後翻訳風雲録』の続編の執筆を、創元社の矢部敬一社長、渡辺明美編集局長の両氏が七年前の二〇一〇年の末に持ちかけてきたことから始まる。私はたしか『風雲録』は、友人の翻訳者田中融二のレクイエムであって、その時代の翻訳者は書き尽くしたとして、お断りしたと思う。

その翌年の八月十五日、長年交友があった編集者、みすず書房の小尾俊人が亡くなった。すでに前年の創元社の希望を知っていた日本ユニ・エージェンシー会長武富義夫は、彼の畏敬する小尾俊人伝を書いて創元社より出版をするよう、私に何度となく促してきた。

私は小尾俊人を書くに相応した教養に乏しく、またすでに八〇歳半ばに近く体力的に自信が無いことなどで、断り続けた。だが、小尾さんの生前の友誼に応えるため年表を拵えることだけは承諾せざるを得なかった。

そこで自身の足跡を見事なまで消し去ってしまっている小尾俊人のルーツの追跡を始めたのだが、みすず書房の全面的な協力を得ているので、その私の調査の模様を「諏訪紀行」として、月刊『みすず』に連載した。私はもともと、小尾氏の年譜の完成をもって、与えられた責を果たすつもりであった。

だが、優れた翻訳出版編集者でもあった小尾俊人のルーツやその業績を追っていくと、私の経験したことだけでなく、戦前戦後の翻訳出版で聞き及んでいたことの詳細まで、浮かび上がってきた。また、みすず書房は、年譜のみならず、私の調査記録をさらに書き足し、それに小尾さんの日記を収録して一冊の本に纏めたいと申し出てきた。

それらはそのときそのときで、発案者である武富義夫に相談した。武富さんは、みすず書房の申し出を受けるだけでなく、戦前戦後の翻訳出版を語り部として纏め、それを創元社から出すべきであると私を説いた。

私と武富義夫とは、半世紀もの間、互いに支え合って仕事をしてきた。彼の提案は、いつも私たちが創めた日本ユニ・エージェンシーにとって適切なものであった。彼の求めを断りきることは、私にはできなかった。

だが、二冊の本を米寿寸前の私が書けるだろうか。逡巡する私を武富さんが督戦するので、二〇一三年七月、また創元社の矢部、渡辺両氏にあって、とりあえず創元社のホームページで「昭和の翻訳出版」の連載をしてみることにした。

それからも本書の出版までには、四年の歳月が経っている。小尾俊人について調査したものは、みすず書房より『小尾俊人の戦後』として出版された。創元社のホームページの「巷説昭和の翻訳出版」は、二〇一五年の四月から二〇一五年十一月まで連載し、本書の二章まで書き上げたが、私の体調不良その他で中絶してしまった。

八五歳を過ぎて痛切に感じたのは、心身の劣化のスピードが一段と増したことであった。何度となく執筆の続行をあきらめようとした。それを励ましたのは、武富義夫である。武富さんがいなければ、私の気力は萎えてこの書は完結をみなかったであろう。

やっと二〇一六年の初めから再度取り組み、ほぼ完成のめどがついた十二月、思いもかけない知らせが届いた。武富義夫が病に倒れたという報である。そしてこの本の出版を見ぬまま、この五月十二日、死去した。享年七五歳であった。

本書は、武富義夫の発想と随時の励ましが無かったら産み出されなかったものである。生前の武富さんにこそ、初めて読んでもらうべきであった。そのことでは哀惜の念、はなはだしいものがある。献辞して、本書を亡き彼に捧げる。

また六年以上も本書の出版を期待し、協力を惜しまなかった創元社の矢部敬一、渡辺明美の両氏に感謝を申し上げる。また年表と索引を作成してくれた原智子氏に御礼を。

二〇一七年七月

宮田　昇

〈参考・引用文献〉

＊五十音順

石井桃子『エッセイ集』岩波書店、平成二十七年
伊藤信男『著作事件100話――側面からみた著作権発達史』著作権資料協会、昭和五十一年
伊藤信男編『著作権百年史年表』著作権資料協会、昭和四十四年
岩崎徹太追想集刊行会編『追想　岩崎徹太』岩崎徹太追想集刊行会、昭和五十六年
岩波書店『岩波書店七十年史』岩波書店、昭和六十二年
大谷晃一『ある出版人の肖像――矢部良策と創元社』私家版、昭和六十三年
大家重夫『ニッポン著作権物語――プラーゲ博士の摘発録』出版開発社、昭和五十六年
尾崎真理子『ひみつの王国――評伝石井桃子』新潮社、平成二十六年
小尾俊人『出版と社会』幻戯書房、平成十九年
小山久二郎『ひとつの時代――小山書店私史』六興出版、昭和五十七年
川口喬一『昭和初年の『ユリシーズ』』みすず書房、平成十七年
木村毅『まわり灯籠』井上書房、昭和三十六年
倉持三郎『『チャタレー夫人の恋人』裁判――日米英の比較』彩流社、平成十九年
小林勇『惜櫟荘主人――一つの岩波茂雄伝』岩波書店、昭和三十八年
佐藤亮一『翻訳騒動記』政界往来社、昭和六十二年
佐野文一郎・鈴木敏夫『新著作権法問答』新時代社、昭和四十五年
鈴木敏夫『出版――好不況下 興亡の一世紀』出版ニュース社、昭和四十五年
鈴木敏夫『実学・著作権――情報関係者のための常識』サイマル出版会、昭和五十一年
ジョン・ディ・セイント・ジョア、青木日出夫訳『オリンピア・プレス物語――ある出版社のエロティックな旅』河出書房新社、平成十三年
日本出版学会『出版の検証――敗戦から現在まで：1945-1995』文化通信社、平成八年

日本出版クラブ編『日本出版クラブ三十年史——戦後出版史への一証言』日本出版クラブ、昭和六十二年
日本書籍出版協会編『日本出版百年史年表』日本書籍出版協会、昭和四十三年
日本著作権協議会『北村治久・人と歩み——戦後著作権運動史の一側面』日本著作権協議会、昭和五十八年
布川角左衛門『本の周辺』日本エディタースクール出版部、昭和五十四年
長谷川郁夫『美酒と革嚢——第一書房・長谷川巳之吉』河出書房新社、平成十八年
林達夫他編著『第一書房長谷川巳之吉』日本エディタースクール出版部、昭和五十九年
松村由利子『少年少女のための文学全集があったころ』人文書院、平成二十八年
美作太郎『翻訳と翻訳権』著作権資料協会、昭和五十八年
美作太郎『著作権「出版の現場から」』出版ニュース社、昭和五十九年
宮田昇『東は東、西は西——戦後翻訳出版の変遷』早川書房、昭和四十三年
宮田昇『翻訳出版の実務』日本エディタースクール出版部、昭和六十三年
宮田昇『翻訳権の戦後史』みすず書房、平成十一年
宮田昇『新編戦後翻訳風雲録』みすず書房、平成十九年
宮守正雄『ひとつの出版・文化界史話——敗戦直後の時代』中央大学出版部、昭和四十五年
森哲司『ウイルヘルム・プラーゲ——日本の著作権の生みの親』河出書房新社、昭和六十一年
矢作勝美編著『有斐閣百年史』有斐閣、昭和五十五年
矢部文治『本・三代』私家版、平成十八年
山崎安雄『著者と出版社』学風書院、昭和二十九年
横浜国際関係史研究会・横浜開港資料館編『ＧＨＱ情報課長ドン・ブラウンとその時代——昭和の日本とアメリカ』日本経済評論社、平成二十一年
吉村保『発掘日本著作権史』第一書房、平成五年
読売新聞社編『昭和史の天皇３——本土決戦とポツダム宣言』中央公論新社、平成二十四年
新聞雑誌引用文献は、宮田昇『翻訳権の戦後史』（みすず書房、平成十一年）に列記してある。

〈年表〉

年号	世界	日本
一八八六（明治十九）	**ベルヌ創設条約調印**	
一八九六（明治二十九）	**ベルヌ条約パリ追加改正**	
一八九九（明治三十二）		**（旧）著作権法制定** **ベルヌ条約加盟**
一九〇六（明治三十九）		**日米著作権条約締結**
一九〇八（明治四十一）	**ベルヌ条約ベルリン改正**	
一九〇九（明治四十二）	**アメリカの（旧）著作権法施行（一九〇九年法）** 『青い鳥』英訳版発行	
一九一〇（明治四十三）		**ベルリン改正加盟**
一九一三（大正二）	『青い鳥』原書発行（仏）	若月紫蘭がメーテルリンクの許諾を得て英訳に基づき『青い鳥』出版
一九一五（大正四）		原書に基づき若月紫蘭訳『青い鳥』出版（植竹書院）
一九二二（大正十一）	『ユリシーズ』原書発行（英）	
一九二五（大正十四）	『アメリカの悲劇』原書発行（米）	

一九二六（大正十五）	『クマのプーさん』原書発行（英）	
一九二八（昭和三）	**ベルヌ条約ローマ改正** 『プー横町にたった家』原書発行（英）	菊池寛訳『青い鳥』、「小学生全集」に収録（文藝春秋・興文社） 若月紫蘭が『青い鳥』の翻訳権登録を行う
一九二九（昭和四）	『一九一四年七月』原書発行（独） 『内なる私』原書発行（英）	若月紫蘭訳『青い鳥』出版（岩波文庫） 若月紫蘭が『青い鳥』の翻訳者、出版社らを提訴
一九三〇（昭和五）		田中純訳『アメリカの悲劇』出版（大衆公論社） 早坂二郎訳『一九一四年七月』出版（先進社）
一九三一（昭和六）		**ローマ改正加盟** プラーゲ博士がヨーロッパ音楽著作権管理団体カルテルの代理人となり著作権使用料の徴収を始める 第一書房が『ユリシイズ』を翻訳出版 先進社が『一九一四年七月』を重版時に『誰が世界大戦を製造したか』というタイトルに変更する
一九三二（昭和七）		岩波書店が『ユリシーズ』を翻訳出版（岩波文庫）
一九三三（昭和八）		先進社が翻訳権侵害と無断でタイトルを変えたことで訴えられる
一九三四（昭和九）	『オリエント急行の殺人』原書発行（英）	**著作権法改正**
一九三五（昭和十）		増田篤雄訳『不安と再建』出版（小山書店） プラーゲ博士が『不安と再建』の著作権侵害を指摘、印税の支払いを求める 先進社が著作権侵害として『一九一四年七月』の販売停止と損害賠償金の支払いを命じられる
一九三六（昭和十一）	『風と共に去りぬ』原書発行（米）	プラーゲ対策の国際著作権問題協議会（のちの日本翻訳家協会）設立

一九三七（昭和十二）	『人を動かす』原書発行（米）	創元社が『人を動かす』を翻訳出版 内山賢次訳『動物記』全六巻出版開始（白揚社）
一九三八（昭和十三）		深沢正策訳『風と共に去る』出版（第一書房） 大久保康雄訳『風と共に去りぬ』出版（三笠書房） 白水社がフランスのガリマール社と『チボー家の人々』（全九巻）の翻訳出版契約を取り交わす
一九三九（昭和十四）	『怒りの葡萄』原書発行（米）	**著作権仲介業務法制定**
一九四〇（昭和十五）	『ジェニーの肖像』原書発行（米）	石井桃子訳『熊のプーさん』出版（岩波書店）
一九四一（昭和十六）	**太平洋戦争勃発**	松本恵子訳『熊のプー公』出版（新潮文庫） 金の星社が児童向け翻案として『シートン動物物語』を出版
一九四二（昭和十七）		**内務省が海外著作権使用料の法定供託を受け入れる** 石井桃子訳『プー横町にたった家』出版（岩波書店）
一九四四（昭和十九）		内山賢次と白揚社が金の星社に対し『シートン動物物語』の差し止め請求をし、勝訴
一九四五（昭和二十）	**ポツダム宣言**	**ポツダム宣言受諾**
一九四六（昭和二十一）	『凱旋門』原書発行（米）	井上勇訳『凱旋門』出版（板垣書店）　※下巻は翌年出版 **回状十二号が出される** 日本翻訳出版懇話会設立
一九四八（昭和二十三）	**ベルヌ条約ブラッセル改正** **オランダが翻訳権十年留保放棄**	**「著作権に対する指令の適用に関する覚書」が出される** 『チボー家の人々』（白水社）、『凱旋門』（板垣書店）などが翻訳権侵害にあたるとされ、発行停止 **GHQがアメリカの著作物の翻訳権の入札を開始** 毎日新聞社が第一回競争入札で『滞日十年』を三六％の印税率で契約

一九四九（昭和二十四）	**アメリカの著作権法（一九〇九年法）改正、製造条項が緩和される**	**GHQが仲介者を通し海外の著作者とじかに契約することを許可** 白水社がGHQの認可を得たエージェントを通じて『チボー家の人々』の再契約をする 創元社が競争入札で『ペスト』を三五・六％の印税率で契約 三笠書房が出版契約を取り交わし大久保康雄訳『風と共に去りぬ』を出版 早川書房が出版契約を取り交わし『アメリカの悲劇』を翻訳出版 創元社が出版契約を取り交わし『人を動かす』新訳を出版
一九五〇（昭和二十五）		鎌倉書房が出版契約を取り交わし山室静訳『ジェニーの肖像』を出版 英宝社が出版契約を取り交わし石井桃子訳『熊のプーさん』『プー横丁』を出版
一九五一（昭和二十六）		**ブラッセル改正加盟** **サンフランシスコ平和条約調印** 評論社が出版契約を取り交わし内山賢次訳『シートン動物記』を出版 六興出版社が出版契約を取り交わし『怒りの葡萄』を翻訳出版
一九五二（昭和二十七）		**サンフランシスコ平和条約発効**
一九五三（昭和二十八）		創芸社が翻訳自由として深沢正策訳『風と共に散りぬ』を出版 偕成社がジュニア向け『風と共に去りぬ』を翻訳出版 新潮社が翻訳自由として『怒りの葡萄』を出版 早川書房が『ジェニーの肖像』を翻訳出版 「グレアム・グリーン選集」出版開始、第一巻に瀬尾裕訳『内なる私』収録（早川書房）
一九五四（昭和二十九）		**日米交換公文が取り交わされる** 早川書房が翻訳権消滅として『オリエント急行の殺人』を翻訳出版 田中西二郎訳『内部の男』出版（新潮社）

一九五五（昭和三十）	**万国著作権条約発効** 『ロリータ』オリンピア・プレス（パリ）より発行	岩波書店が「インガルス一家の物語」『長い冬』を翻訳出版（岩波少年文庫）
一九五六（昭和三十一）		**万国著作権条約加盟** 評論社が内山賢次訳『シートン動物記』（新潮文庫）の差し止め請求 新潮社がイラストをはずし『シートン動物記』を翻訳出版 岩波書店がイラスト権を含む日本語版の出版契約を取り交わし石井桃子訳『クマのプーさん』を出版（岩波少年文庫） 日本翻訳出版懇話会解散
一九五七（昭和三十二）		**フォルスター事務所が翻訳権仲介から手を引き、タトル商会に譲渡** 小山久二郎が『チャタレー夫人の恋人』の裁判闘争で有罪判決を受ける 岩波書店が「インガルス一家の物語」『大草原の小さな町』を翻訳出版（岩波少年文庫）
一九五八（昭和三十三）	『ロリータ』アメリカでの発行が可能となる	岩波書店がイラストを含む『プー横丁にたった家』を出版（岩波少年文庫）
一九五九（昭和三十四）	アメリカで『チャタレー夫人の恋人』がわいせつ文書ではないとする無罪判決を受ける	河出書房新社が出版契約を取り交わし大久保康雄訳『ロリータ』を出版
一九六〇（昭和三十五）	イギリスで『チャタレー夫人の恋人』無削除ペンギンブックス版が無罪となる	
一九六一（昭和三十六）		『ドリトル先生物語全集』出版開始（岩波書店）
一九六四（昭和三十九）	アメリカで『北回帰線』が解禁となる	

一九六七（昭和四十二）		矢野著作権事務所（のちの日本ユニ・エージェンシー）設立
一九七〇（昭和四十五）		著作権法改正
一九七一（昭和四十六）	ベルヌ条約パリ改正	（新）著作権法施行
一九七二（昭和四十七）		福音館書店が「インガルス一家の物語」『大きな森の小さな家』を翻訳出版
一九七五（昭和五十）		パリ改正加盟
一九七六（昭和五十一）	アメリカの著作権法改正（一九七六年法）	
一九七八（昭和五十三）	一九七六年法施行（米）	
一九八二（昭和五十七）		講談社が日本のイラストレーターを起用し「インガルス一家の物語」『大きな森の小さな家』『大草原の小さな家』を翻訳出版
一九八七（昭和六十二）	韓国が万国著作権条約加盟	
一九八九（平成元）	アメリカがベルヌ条約パリ改正加盟	

〈や〉

〈ら〉

〈わ〉

〈A～W〉

〈ま〉

〈な〉

〈は〉

〈た〉

〈さ〉

事項索引

〈あ〉

〈か〉

〈わ〉

〈ま〉

〈や〉

〈ら〉

田中西二郎（たなか せいじろう） 165, 166, 191
田中融二（たなか ゆうじ） 177, 233
谷崎潤一郎（たにざき じゅんいちろう） 158
田村隆一（たむら りゅういち） 139, 143-145, 147
ダレル，ロレンス 180
チェーホフ，アントン 41, 98, 105
チャーチル，ウインストン 101, 109, 112, 114, 216
チャペック，カレル 120, 197
チャンドラー，レイモンド 143
ツヴァイク，ステファン 142
辻野久憲（つじの ひさのり／きゅうけん） 28, 30
デ・アミーチス，エドモンド 220
ディ・セイント・ジョア，ジョン 183
ディルタイ，ヴィルヘルム 86
テーラー，エリザベス 132
デュアメル，G 85
デュ・ガール，ロジェ・マルタン 22, 65, 82, 84, 93
デュ・モオリア，ダフネ 163, 165
ドイル，コナン 11, 106, 223
トインビー，アーノルド・J 111
トウエン（トウェイン），マーク 120, 163
ドストエフスキー，フョードル 41, 105
ドッジ，ジョゼフ 117
豊島與志雄（とよしま よしお） 197
ドライサー，セオドア 132
鳥越信（とりごえ しん） 223, 224
トルストイ，レフ 41, 102, 105
ドンレヴィ，J・P 180

〈な〉

永井荷風（ながい かふう） 46
永川玲二（ながかわ れいじ） 192
中里恒子（なかざと つねこ） 46
中島健蔵（なかじま けんぞう） 24, 42, 44, 84
中武香奈美（なかたけ かなみ） 99
長田幹雄（ながた みきお） 25, 26
中野好夫（なかの よしお） 197, 201, 202
永松定（ながまつ さだむ） 28, 30
中村佼子（なかむら きょうこ） 222
中村真一郎（なかむら しんいちろう） 213
中村白葉（なかむら はくよう） 197
中村能三（なかむら よしみ） 165, 166
中山義秀（なかやま よしひで） 46
夏目漱石（なつめ そうせき） 27, 38, 126
名原広三郎（なはら ひろさぶろう） 28
ナボコフ，ウラジミール 178-180
新居格（にい いたる） 44, 126
ニーチェ，フリードリヒ・W 86
新田敵（にった ひろし） 62
布川角左衛門（ぬのかわ かくざえもん） 40, 63, 145
ネーサン，ロバート 135
ノードホフ，チャールズ 163
延原謙（のぶはら けん） 147

〈は〉

バーカー，R・E 208
バーネット，フランシス・H 220
ハーン，ラフカディオ 41, 105
バウム，ヴィッキー 42, 75, 124
パステルナーク，ボリス 178
長谷川郁夫（はせがわ いくお） 33
長谷川巳之吉（はせがわ みのきち） 28-33, 37, 44, 125-127
バック，パール 44, 90, 126
花井忠（はない ただし） 54
花島克己（はなしま かつみ） 99
浜野栄一（はまの えいいち） 54
ハメット，ダシール 143
早川清（はやかわ きよし） 134, 139, 157
早坂二郎（はやさか じろう） 16, 21
早坂久子（はやさか ひさこ） 130
バリー，J・M 220
ハリス，フランク 180
バルザック，H・de 102
ハルバースタム，D 71
春山行夫（はるやま ゆきお） 126
バロウズ，ウィリアム 180
バンヤン，ジョン 162
ビーチ，シルヴィア 34
ピール，N・V 171
東山あかね（ひがしやま あかね） 223, 224
ヒッチコック，アルフレッド 165
ヒットラー，アドルフ 44, 124, 130, 162
火野葦平（ひの あしへい） 46
ビョルネボ，イェンス 177
平岩米吉（ひらいわ よねきち） 216
ファーブル，ジャン=アンリ・C 86

菊池寛（きくち かん） 47-52, 54, 149, 196, 220
岸田国士（きしだ くにお／こくし） 85
北島織衛（きたじま おりえ） 74
北原鉄雄（きたはら てつお） 220
北原白秋（きたはら はくしゅう） 53, 220
北村治久（きたむら はるひさ） 64, 153
ギッシング，ジョージ 86
キップリング，ラドヤード 220
木下半治（きのした はんじ） 92
木村毅（きむら き／たけし） 10
木村太郎（きむら たろう） 85
クイーン，エラリー 144
草野貞之（くさの ていし） 62-65, 68, 84, 93
楠山正雄（くすやま まさお） 47, 48, 51, 54
久米正雄（くめ まさお） 126
グリーン，グレアム 130, 132, 135, 139, 165, 188-193
クリスティー，アガサ 138-142, 144, 145, 147, 198
クリフト，モンゴメリー 132
グルー，ジョセフ 101, 103, 109, 115
グレアム，ケネス 201, 202, 208
クレーン，スティヴン 163
クレミウ，バンジャマン 22, 34
クレランド，ジョン 176
黒岩涙香（くろいわ るいこう） 221
クローニン，A・J 125, 165
桑名一央（くわな かずお） 171
ゲイン，マーク 97
ゲーテ，ヨハン・ヴォルフガング・フォン 41, 105
ケストナー，エーリッヒ 120-122, 197
河野一郎（こうの いちろう） 180
ゴーリキー，マクシム 41, 105
小林勇（こばやし いさむ） 25-27, 30, 33, 36, 203
小林司（こばやし つかさ） 223, 224
小林秀雄（こばやし ひでお） 28, 107, 108
小松清（こまつ きよし） 66

〈さ〉

ザカライアス，エリス・M 78
サザーン，テリー 177, 180
サド，マルキ・ド 177
佐藤一（さとう はじめ） 214
佐藤春夫（さとう はるお） 46
佐藤正彰（さとう まさあき） 84
佐藤亮一（さとう りょういち） 109, 110, 112, 115, 116, 216
佐野文一郎（さの ぶんいちろう） 219, 220
サリンジャー，J・D 68
サルトル，ジャン=ポール 70, 103
シーウェル，ヘレン 214
シートン，アーネスト・T 216-219
シェパード，アーネスト・ハワード 207-210
宍戸儀一（ししど ぎいち） 136, 151
ジッド，アンドレ 22, 36, 37, 70, 85, 105, 126
篠田光夫（しのだ みつお） 68, 69
柴田小三郎（しばた こさぶろう） 154
澁澤龍彦（しぶさわ たつひこ） 177, 180
清水俊二（しみず しゅんじ） 135
清水康雄（しみず やすお） 180
シムノン，ジョルジュ 139
シュウエル，アンナ 149
シュプランガー，エドアルト 39
ジョイス，ジェイムズ 28, 32-34, 45, 125, 177, 184, 199
ショウ，バーナード 45
白木茂（しらき しげる） 166
ジロージアス，モーリス 180, 182
神宮輝夫（じんぐう てるお） 213
榛村専一（しんむら せんいち） 54
勝呂忠（すぐろ ただし） 144
鈴木敏夫（すずき としお） 152, 153, 220
スタインベック，ジョン 42, 124, 164, 165, 172, 173
スタンダール 102
スノー，エドガー 44, 126
スピレイン，ミッキー 143
瀬尾裕（せお ゆたか） 189
曽野綾子（その あやこ） 213
ゾラ，エミール 86
ソログープ，フョードル 120

〈た〉

高木章（たかぎ あきら） 117
高橋健二（たかはし けんじ） 121, 197
ダグラス，ロイド・C 162, 164
竹内道之助（たけのうち みちのすけ） 125, 161, 162, 166, 171
辰野隆（たつの ゆたか） 57
竜口直太郎（たつのくち なおたろう） 28, 117, 215

人名索引

〈あ〉

青木日出夫（あおき ひでお） 183
秋田雨雀（あきた うじゃく）［本名：徳三（とくぞう）］ 57
秋山嘉久雄（あきやま かくお） 177, 178
秋山孝男（あきやま たかお） 106-108, 157
芥川龍之介（あくたがわ りゅうのすけ） 48, 53, 149, 220
浅野輔（あさの たすく） 71
阿部知二（あべ ともじ） 127, 197, 213
安倍能成（あべ よししげ） 27, 38
鮎川信夫（あゆかわ のぶお） 180
アレン，ハーヴィ 163
アンダースン，シャーウッド 124
安藤一郎（あんどう いちろう） 28
安藤直正（あんどう なおまさ） 63
飯塚半衛（いいづか はんえい） 54
井口貞夫（いぐち さだお） 79
池田一朗（いけだ いちろう） 107, 108
石井恭二（いしい きょうじ） 177
石井桃子（いしい ももこ） 195-204, 207, 210, 212, 214, 222, 223, 225
石川欣一（いしかわ きんいち） 112
石垣綾子（いしがき あやこ） 97
板垣武男（いたがき たけお） 73-77
伊藤整（いとう せい）［本名：整（ひとし）］ 28-30, 33, 34, 125, 176
伊藤信男（いとう のぶお） 15, 51
稲垣一吉（いながき かずよし） 79
稲葉明雄（いなば あきお） 177
いぬいとみこ 223, 225
犬養健（いぬかい たける） 195, 196
犬養毅（いぬかい つよし） 196
井上勇（いのうえ いさむ） 66, 72-81, 85
井上一夫（いのうえ かずお） 135, 136, 151
伊吹武彦（いぶき たけひこ） 84
井伏鱒二（いぶせ ますじ） 201, 205
岩崎正一（いわさき しょういち） 92
岩崎徹太（いわさき てつた） 91-93, 97
岩波茂雄（いわなみ しげお） 25-33, 44, 125, 199, 210
ヴァレリー，ポール 84
ヴァン・ダイン，S・S 80
ヴァン・デ・ヴェルデ，T・H 14, 70, 87
ウィリアムズ，ガース・モンゴメリー 211
植草甚一（うえくさ じんいち） 143, 144
殖田俊吉（うえだ しゅんきち） 57
内田百閒（うちだ ひゃっけん） 46
内山賢次（うちやま けんじ） 215-219
宇野浩二（うの こうじ） 46
ウルフ，ヴァージニア 184
江戸川乱歩（えどがわ らんぽ） 143, 144
エプスタイン，ジェイスン 182
エルマン，リチャード 33, 34
遠藤慎吾（えんどう しんご） 130, 134, 136, 142
大岡信（おおおか まこと） 213
大久保康雄（おおくぼ やすお） 123, 124, 158, 159, 161, 162, 164-166, 171, 174, 178, 180
大谷晃一（おおたに こういち） 167
大塚光幸（おおつか みつゆき） 63, 64
大塚幸男（おおつか ゆきお） 85
大屋久寿雄（おおや くすお） 79
大山定一（おおやま ていいち） 85
大山幸房（おおやま ゆきふさ） 182
岡倉由三郎（おかくら よしさぶろう） 34
小笠原豊樹（おがさわら とよき） 180
オグデン，チャールズ・ケイ 34
尾崎真理子（おざき まりこ） 222
小津次郎（おづ じろう） 192
小野健人（おの たけと） 28
小幡欣治（おばた きんじ） 130
小山久二郎（おやま ひさじろう） 8, 9, 21-27, 33, 36, 42, 45, 176
オルコット，ルイーザ・メイ 163

〈か〉

カー，D・H 144
ガードナー，アール・スタンリー 155
カーネギー，デール 167, 170, 171
加田哲二（かだ てつじ） 92
加藤直士（かとう なおし） 167, 168, 170
カミュ，アルベール 101, 103, 106, 108, 109
川口喬一（かわぐち きょういち） 28, 33
川崎備寛（かさわき よしひろ／びかん） 84
川端康成（かわばた やすなり） 213
ガンサー，ジョン 44

宮田 昇（みやた のぼる）

一九二八年東京に生まれる。元、早川書房編集者。同社を退職後、チャールズ・E・タトル商会で勤務する傍ら、数多くの児童書の執筆・翻訳を手がける。一九六七年に矢野浩三郎と共に矢野著作権事務所（のちの日本ユニ・エージェンシー）を創業、一九九一年には日本ユニ著作権センターを設立し、代表取締役を務めた。戦前戦後のわが国の翻訳権、出版権の変遷の歴史を熟知する数少ない一人であり、翻訳著作権に関する著作も多く、斯界の第一人者として知られている。若い出版人に知識を伝えることにも熱心で、出版界への貢献は、有形無形に計り知れないものがある。

一九九九年、『翻訳権の戦後史』で第二一回出版学会賞、二〇〇二年には、第二三回著作権功労賞を受賞。

著書に、『東は東、西は西――戦後翻訳出版の変遷』（早川書房、一九六八）、『翻訳出版の実務』（日本エディタースクール出版部、一九八九）、『朱筆』（出版太郎名義、みすず書房、一九七九／一九九〇）、『翻訳権の戦後史』（みすず書房、一九九九）、『著作権法百年史』（共同執筆、文化庁、二〇〇〇）、『新編戦後翻訳風雲録』（みすず書房、二〇〇七）、『敗戦三十三回忌――予科練の過去を歩く』（みすず書房、二〇一一）、『図書館に通う――当世「公立無料貸本屋」事情』（みすず書房、二〇一三）、『小尾俊人の戦後――みすず書房出発の頃』（みすず書房、二〇一六）、『出版の境界に生きる』（太田出版、二〇一七）ほか多数。

昭和《しょうわ》の翻訳《ほんやく》出版《しゅっぱん》事件簿《じけんぼ》

二〇一七年八月一〇日 第一版第一刷発行

〈著 者〉宮田 昇
〈発行者〉矢部敬一
〈発行所〉株式会社 創元社
本 社 〒五四一-〇〇四七 大阪市中央区淡路町四-三-六
電 話 〇六-六二三一-九〇一〇(代)
FAX 〇六-六二三三-三一一一(代)
東京支店 〒一六二-〇八二五 東京都新宿区神楽坂四-三 煉瓦塔ビル
電 話 〇三-三二六九-一〇五一
http://www.sogensha.co.jp/
〈印刷所〉亜細亜印刷 株式会社
装丁・本文デザイン 長井究衡

ISBN978-4-422-93076-3 C1095